dtv

»Ich will zu den Tätigen gehören, noch verschenken dürfen von meiner Lebenssubstanz. Wenn mir das Altsein jetzt auch beschwerlicher fällt, empfinde ich es doch als eine ungeahnt erfahrungsbereichernde Lebensperiode.« Das sagt eine Frau mit 88 Jahren. Maria Simmen erzählt von ihren Sorgen und Wünschen, von ihren Erfahrungen im Zusammenleben von Jung und Alt, von Reisen, aber auch von Krankheiten und vom Tod. »Ein brisantes und emanzipiertes Dokument zum Selbst- und Weltverständnis älterer Menschen.« (Luzerner Neueste Nachrichten)

Maria Simmen, geboren am 6. Juli 1900 in Luzern, studierte nach Abschluß des Lehrerinnenseminars Französisch und Psychologie in Genf und Zürich. Danach war sie sechs Jahre als Sekundarschullehrerin in Luzern tätig und wurde später Mitarbeiterin ihres Mannes. Sie schrieb Erzählungen und Hörspiele und lebte bis zu ihrem Tod am 23. Dezember 1996 in Luzern.

Maria Simmen

So alt und noch mitten im Leben

Deutscher Taschenbuch Verlag

Von Maria Simmen
ist im Deutschen Taschenbuch Verlag erschienen:
Ich bin ganz gerne alt (25091)

Ungekürzte Ausgabe
Dezember 1995
2. Auflage Februar 2000
Deutscher Taschenbuch Verlag GmbH & Co. KG,
München

Umschlagkonzept: Balk & Brumshagen
Umschlagbild: © Rotraut Susanne Berner
Satz: IBV Satz- und Datentechnik GmbH, Berlin
Druck und Bindung: C. H. Beck'sche Buchdruckerei,
Nördlingen
Gedruckt auf säurefreiem, chlorfrei gebleichtem Papier
Printed in Germany · ISBN 3-423-25165-4

Inhalt

Vorwort

Man hat mir geraten, meinem ersten Buch über das Alter, das 1980 erschienen ist, ein weiteres mit dem gleichen Thema folgen zu lassen; diesmal jedoch sollen es meine Erfahrungen *im sehr hohen Alter* sein.

Da ich mich nun bereits dem Ende des neunten Jahrzehnts nähere, habe ich den Mut gefaßt, zu schreiben, wie ich diesen letzten Lebensabschnitt erlebe. Mut braucht es zu solchem Unterfangen, und oft wollte er mir bei der Arbeit vergehen, denn ich konnte auch düstere Themen wie Krankheit und Hinfälligkeit nicht umgehen. So wird es auch Mut und Einfühlungsvermögen brauchen, dieses Buch zu lesen, obwohl viel Ermutigendes darin steht.

Vor Jahren habe ich viele Leser mit dem Buchtitel ›Ich bin ganz gerne alt‹ gelockt. Sie werden jetzt vielleicht enttäuscht sein, daß mir das »Alt- und Immer-älter-Werden« schwerer fällt als vordem. Krankheit und Gebrechlichkeit sind mir inzwischen nicht erspart geblieben. Trotzdem bin ich nicht ergeben und demütig geworden. Man sähe mich wohl auch gerne weiser, wie es dem Alter ziemt. Wenn *weise* von *wissen* abgeleitet wird, so weiß ich jetzt zwar mehr vom Leben, aber bis zu dem, was man gemeinhin unter Weisheit versteht, bin ich noch nicht vorgedrungen. Dazu stehe ich noch zu sehr mitten im Leben!

Wahrheitsgetreu – das heißt so, wie es mir eben erscheint – versuche ich zu erzählen, wie ich das hohe Alter erlebe – mit allen ihm innewohnenden und mir auferlegten Mühen und Schwierigkeiten. Ich scheue mich nicht, auch meine Schwächen aufzudecken, als da sind: müßige Grübeleien, wechselhafte Stimmungen und immer wieder Mutlosigkeit, ja sogar Zweifel am Lebenssinn.

Langsam, fast unmerklich, haben mich mancherlei böse Zeichen körperlichen Verfalls angeschlichen. Die Natur auferlegt sie früher oder später jedem Individuum. Ich habe mich dagegen gewehrt – wehre mich immer noch – mit allen mir zur Verfügung stehenden Kräften. Der Widerstand hat sich gelohnt, den Verfall konnte ich mit ärztlicher Hilfe bislang aufhalten.

Noch kann ich mich nicht mit einem halben Leben abfinden, mich nicht geduldig der Hinfälligkeit ausliefern. Ich will zu den Tätigen gehören, noch verschenken dürfen von meiner Lebenssubstanz. Was es mich kostet und wie ich es zustandebringe, das steht in diesem Buch – oft auch zwischen den Zeilen. Wenn mir das Altsein jetzt auch beschwerlicher fällt, empfinde ich es doch als eine ungeahnt erfahrungsbereichernde Lebensperiode.

Mein Nachbar, der Baum

Gute Nachbarschaft zu pflegen, wird den Menschen ans Herz gelegt, und sie bemühen sich auch – mehr oder weniger – darum. In Hochhäusern, wo keiner den andern kennt, kann es dennoch passieren, daß jemand wochenlang tot in seiner Wohnung liegt, bis endlich ein Mitbewohner durch den überquellenden Briefkasten darauf aufmerksam wird.

Wenn ich manchmal nachts wach liege, fallen mir zwei Zeilen aus dem ›Abendlied‹ von Matthias Claudius ein:

»Und laß uns ruhig schlafen
und unsern kranken Nachbarn auch.«

Ich liebe das Dichterwort immer noch, obwohl es nicht mehr in unsere Zeit zu passen scheint und von neueren Dichtern, die das Leben anders erfahren haben, gar verspottet worden ist. Ob in früheren Zeiten wirklich so für den Nachbarn gebetet wurde? Diese Frage muß ich offenlassen.

Dazu kommt mir ein anderes, vielleicht zeitbeständigeres Zitat in den Sinn:

»Es kann der Frömmste nicht in Frieden leben,
wenn es dem bösen Nachbarn nicht gefällt.«

Nachbarliche Feindschaft hat es immer gegeben. Auch ich weiß Beispiele genug aufzuführen, die sich kürzlich ereignet haben. Da hat doch eine Frau Nachbarin die schöne Angorakatze, den Liebling von Nachbarskindern, vergiftet, nur weil sich das Tier oft ins geheiligte Revier ihres Gartens verirrte. Emigranten beklagen sich über feindseliges Verhalten von Hausbewohnern, weil sie Fremde sind und mit der Schweizer Sprache Mühe haben. Umgekehrt weiß ich aber auch, wie Eingewanderte sich rücksichtslos breitmachen und ihrer Nachbarschaft durch Lärm und Unordnung zum Ärgernis werden. Friedensstörer der Nachbarschaft gibt es allerorts, seit jeher und immer noch.

Denke ich an selbsterlebte Nachbarschaften, kann ich nur Gutes berichten und würde gerne ausführlich und dankbar davon erzählen. Auch jetzt im Alter darf ich mich nicht beklagen, meine Nachbarn sind freundlich, ja sogar hilfsbereit zu mir.

Gleich gegenüber wohnt eine sehr sympathische Familie. Nie höre ich ein tadelndes oder lautes Wort im Umgang mit den Kindern. Dafür klingt oft Klavier- oder Flötenspiel zu mir herüber wie in jenen fernen Tagen, als diese Art vornehmer Hausmusik noch mehr gepflegt wurde. Stets bietet mir diese Familie Hilfe an. Ich darf dort meinen zweiten Hausschlüssel deponieren für den Fall, daß ich den meinen einmal vergesse, was mir auch schon zugute gekommen ist.

Die Nachbarin von nebenan eilte mir kürzlich in früher Morgenstunde zu Hilfe, als ich im noch stockdunklen Haus herumtappte, weil meine Hauptsicherung herausgefallen war. Bei meiner Sehbehinderung hätte ich mir nicht selbst helfen können.

Ein Ehepaar, das viele Jahre in derselben Straße wohnte und sich mit mir angefreundet hatte, ist zu meinem Leidwesen in eine entfernte Vorgemeinde der Stadt gezogen. Seither besuchen mich die guten Leute beinahe wöchentlich, und der selbst schon betagte Herr mäht mir den Rasen.

Ja, ich habe allen Grund, meinen Nachbarn dankbar zu sein. Aber das bedrückt mich gerade: Ich kann *nur dankbar* sein, ohne eine Gegenleistung zu erbringen. Wer es selbst erfährt, versteht, wie sehr es mich betrübt, nur mehr Nehmende sein zu dürfen. Wie ich es vermisse, daß keiner an meiner Tür läutet, um ein Ei oder sonst etwas zu erbitten wie in früheren Tagen. Niemand borgt sich mehr etwas bei mir aus oder möchte einen Text von mir übersetzt haben oder verlangt sonst einen Gegendienst von mir. Erst im Geben und Nehmen erfüllt sich eine menschliche Beziehung – auch in der Nachbarschaft.

Viele Sonntage verbringe ich ganz allein. Nicht, daß mir langweilig wäre! Ich habe nur – schreibend oder lesend – die Augen überanstrengt; mein Kopf ist müde, ich fühle mich wie ausgehöhlt und sehne mich nach einem lebenden Wesen. Am Telefon ist niemand zu erreichen. Alle sind ausgeflogen – auch die Nachbarn, denn die sonst so belebte Nebenstraße ist wie ausgestorben.

Trübselig stehe ich am Fenster. Da fällt mein Blick auf den Zwetschgenbaum im Gartenwinkel. Er hat noch seine kahle Wintergestalt, zeigt sein nacktes Gerippe.

Er ist ungefähr so alt wie ich.

Stämmig ragt er aus dem Ligustergebüsch. Ich erkenne etliche Wunden, Narben und Kröpfe an der rauhen Rinde. Dunkel wie ein abgewinkeltes Ofenrohr erstreckt sich der dickste Ast gegen das Haus zu; ein mittlerer strebt in die Höhe; ein dritter, schwächerer, aber reich verästelter schlängelt sich über das runde Eckmäuerchen hinweg dem Weg zu, als ob er jemandem winken oder auch das Weite suchen, sogar fliehen wollte.

Auf einmal erkenne ich diesen alten Baum als meinen besten Nachbarn. Immer ist er gegenwärtig – und was haben wir nicht alles zusammen erlebt!

Vom Umhauen war schon oft die Rede, weil er eben alt ist. Doch niemand wollte so recht ernst machen damit; denn trägt er nicht Jahr für Jahr die besten Früchte in reichen Mengen, die köstlichen Bühlerzwetschgen, voll aromatischer Süße und Säure zugleich? Jetzt, im Alter, macht mir die Ernte richtig Sorgen. Sie wird beschwerlich, wenn die Früchte voreilig auf den Asphalt fallen, von Wespen angefressen am Boden kleben und ich die zerquetschten Früchte mühsam abscharren muß. Und bald darauf der Laubfall mit täglichem Fegen und Wegräumen.

Früher besorgte das alles mein Mann. Ihn beglückte die Entspannung von der anspruchsvollen geistigen Arbeit. Noch im hohen Alter pflückte er auf der Leiter – unter Lebensgefahr – die Früchte. Jetzt bin ich auf Hilfe angewiesen. Der Sohn leistet sie und erklettert den Baum, oder ein Enkel stellt sich zur Verfügung, aber heuer waren sie alle an den letzten sonnigen Oktobertagen in den Ferien. Ich mußte Freunde bitten und froh sein, daß sie die blaue Ernte schätzten.

Kein Wunder, daß ich zuweilen des guten Nachbarn etwas überdrüssig werde. Aber das geht rasch vorbei, wenn ich mich erinnere, wie er in seinen besten Jahren der Freund meiner Kinder war und später auch der Enkel. Zweige schütteln, an ihm herumturnen, ihn ersteigen, alles ließ er sich gefallen. Nein, ich würde ihn auch nicht umbringen lassen, wenn er keine Frucht mehr trüge und mir rein nichts mehr nützte!

Im Frühling wird mir sein junges Laub wieder einen grünen Schimmer durchs Fenster werfen, und im Sommer werde ich die Erdbeeren am Fuß seines

Stammes sammeln. Sie haben viel mehr Aroma und Süße als die vom Markt, und immer wieder, bis in den späten Herbst hinein, reifen sie nach. Nur in *seinem* Boden gedeihen sie so gut.

Wie sehr würden auch die streunenden Nachbarskatzen den guten Baum vermissen, wenn sie sich nicht mehr im Liguster hinter ihm verstecken könnten! Und wie würde *ich* erst seinen beruhigenden Anblick entbehren, wenn er sich während der Sommergewitter so standhaft vom Sturm zausen läßt!

Diese tapfere »Kreatur« sollte ich nie mehr erblicken, wenn ich morgens die Läden öffne und vom Osten her die erste Morgenröte über ihr aufleuchtet?

Ganz verzaubert kommt mir der Baum nachts vor, wenn der Mond sein kühles Licht über ihn wirft. Dann scheint die Laterne am Wegrand in seinem Geäst zu hängen wie in einem Magritte-Bild, und ich grüße ihn als meinen Wächter.

Ja, er soll am Leben bleiben, mein guter Nachbar und Freund – mein Vorbild auch in vielem! Wir wollen um die Wette ausharren – er und ich!

Vom Wünschen

Seit meiner Kindheit liebe ich Märchen, und von Zeit zu Zeit lese ich auch im Alter wieder eins, wie jenes von Fischers Frau, dem unersättlichen Weib, das auf dem Zufallsglück seines rechtschaffenen, aber schwächlichen Ehemannes seine Unzufriedenheit auslebt. Ich mag sie nicht, diese Ilsebill, und doch glaube ich, ihr in einem gewissen Sinne zu gleichen. Was das Wünschen angeht, sind wir Menschen uns doch alle ein wenig ähnlich.

An so wetterwendischen Tagen, an denen der Wind von allen Seiten wild die Wolken treibt und am Horizont aufschichtet, daß man nicht mehr unterscheiden kann, was Wolke oder Gebirge ist, kann so etwas Ilsebillartiges schon in mir aufkommen. Unkontrollierte Triebe regen sich und heimliche Sehnsüchte. Die mühsam erarbeitete Vernunft läßt sich auf Phantasien ein und geht mit allerlei Träumen und Wünschen fremd.

Zudem ist es kurz vor Ostern, dem uralten erneuerungsträchtigen Naturfest. Auch als christliches ist es mit Hoffnung verbunden. Und sind nicht Hoffen und Wünschen nahe verwandt?

Ich war am Morgen auf dem Fischmarkt und habe mir zur Abwechslung einmal nicht Weißfisch oder einheimische Albeli gekauft, sondern eine dicke Tranche Meerfisch.

Nach der Anstrengung, die mich der Ausgang bei meiner Knochenschwäche kostete, bin ich ganz erschöpft heimgekehrt. Ein Kaffee stärkt mich zur Zubereitung des Fisches.

Vor Hunger läuft mir das Wasser im Munde zusammen. Um mich davon abzulenken, muß ich mir mit etwas Phantasie den Arbeitsvorgang kurzweilig machen. Während ich den Fisch sorgfältig abtrockne und auf dem Holzbrett würze, gebe ich ihm auch schon einen Namen. Es ist eine Schellfischart, wozu auch der Butt gehört, also ist er jetzt für mich der Butt aus dem Märchen, den der Fischer für seine dumme Frau gefangen hat.

Es fällt mir immer noch nicht leicht, mein Mahl als mein eigener Gast zu verzehren, da wirkt so ein lustig-besinnliches Spielchen sofort lockernd auf die Stimmung.

»Butje, Butje!« rede ich mein Fischstück zum Spaß an und verwandle mich dabei unversehens in die Ilsebill, und schon spreche ich ganz ernsthaft einen Wunsch aus: »Lieber Butt, laß mich doch heraus aus dem baufälligen Gehäuse meiner schütter gewordenen Leibeshülle. Tausch sie mir ein gegen ein wohnlicheres Haus, und laß die Fensterscheiben meiner getrübten Augen wieder hell und blank sein!«

Natürlich bleibt mein Butt stumm, überläßt mir das Gespräch mit mir selbst, wie ich es längst gewohnt bin. Und so frage ich mich halt: »Wenn nun aber dein Wunsch erfüllt würde, wärst du dann zufrieden? Für immer?«

Ich bin so ehrlich gegen mich, daß ich gestehe: Ach nein, ich kenne mich doch! Neue Wünsche würden aufkommen. Nach Selbstverwirklichung aller Art. Auch wenn ich nicht gerade ein Schloß fordern würde, eine kleine Herrschaft oder Herrscherschaft über andere in Form von ein wenig Liebesmacht könnte es wohl sein.

Inzwischen ist der Fisch kochfertig zubereitet und brutzelt bereits in der Pfanne. Indem ich ihn mit Weißwein begieße und von Zeit zu Zeit drehe und wende, wundert es mich wieder, wie mein Wunschgebilde aussähe, falls ich geprüft würde wie Fischers Frau. Wäre ich klüger als sie?

Ein wenig muß ich sie verteidigen. Wie hätte sie in ihrer Einfalt wissen sollen, wie leicht Throne wackeln und Kronen zu Narrenkappen werden. Aber daß sie Papst werden wollte, wie lächerlich! Und zu allerletzt noch Gott! Wie entsetzlich! Bei meinem Ausruf scheint sich sogar der Fisch in der Pfanne zu empören. Er spritzt mir aus Protest ein paar siedend-heiße Fetttropfen ins Gesicht.

Nun aber liegt er auf dem Teller, wartet geduldig darauf, von mir verspeist zu werden. Nach den ersten Bissen bin ich vorsichtig, denn so kompakt-sämig und angenehm sein Fleisch zu genießen ist, so muß ich doch auf der Hut sein. Eine große Gräte ist mir zwischen die Zähne geraten.

Der Teller ist leer, nur die einzige Gräte und ein paar Hautreste sind übriggeblieben. Ich lasse sie im Kehrichtkübel verschwinden, und damit ist auch die törichte Ilsebill für mich erledigt. Glaube ich!

Mit der Sättigung hat sich meine Phantasie beruhigt. Eine Tranche gekochter Butt ist schließlich kein lebender.

Nutzloses Phantasieren! meditiere ich jetzt, Leerlauf des Wünschens! Dieses törichte Immer-mehr-Wollen! Alles Wünschen mündet ins Unmögliche!

Nun greife ich, wieder ganz in der Realität, zur Zeitung. Sie hat nichts Erfreuliches zu bieten. Den langen Osterartikel erspare ich mir, ich traue ihm ohnehin nicht. Dafür überfliege ich die Todesanzeigen. Keine Bekannte darunter! Aber wie viele Altersgenossen haben wieder das Zeitliche gesegnet! Haben sie es gesegnet? Auch Junge und Jüngste sind gestorben, sogar ein Kind.

Ich drehe am Knopf des Radios und fange einen Bericht zum Thema Tortur auf. Schändliche Beispiele von nackter Entblößung menschlicher Grausamkeit. Sie ängstigen mich bis ins Innerste. Mit meiner Gelassenheit ist es aus. Nun das – und morgen soll Ostern sein!

Wo ist der Sinn zu suchen, zu ahnen, zu finden?

Müßige Fragen! – Da wäre ich ja beinahe angelangt beim blasphemischen letzten Wunsch der ganz und gar verrückten Ilsebill! Sinn erkennen wollen, heißt das nicht, gottgleich werden wollen? Erfahren wollen, was über das Menschliche hinausgeht? Vom Baum der Erkenntnis essen wollen? Hören wollen, wo du doch taub sein mußt? Sehen wollen, wo du blind sein mußt?

Sei doch endlich still, du eigensinnige Ilsebill! Laß das Rütteln am verschlossenen Tor des Undurchdringbaren!

Noch ein kleiner Seufzer: Wie gefährlich ist doch das Wünschen! Und wie gefährlich sind selbst die Erfüllungen! Immer enden sie in Stürzen, lassen den Unersättlichen zurückfallen – in die menschliche Armseligkeit.

Wenigstens diese Einsicht ist für einmal gewonnen, macht mich ruhig. Ich bin wieder zu Hause bei mir selbst.

Und nun gehe ich an die nächste Arbeit. Es gibt noch so viel zu tun. Tun ist besser als Wünschen. Ich will mich an die kleinen bescheidenen Hoffnungen halten, die höchstens von Stunde zu Stunde tragen, von einem Tag zum andern. Wie wenig ist das – und doch wie viel! Mit diesem Vorsatz, auch wenn er nur ein vorläufiger ist, sage ich:

»Adieu, Ilsebill! Auf Nimmerwiedersehn!«

Irlandfahrt

Vor Jahresfrist unternahm ich eine Kunstreise. Zum erstenmal wurde mir dabei bewußt: Jetzt bist du wirklich alt, du darfst an den Freuden des Lebens nicht mehr ungeschmälert teilnehmen.

Obwohl ich alles in allem ein gutes Stück Welt gesehen habe, genügte es meiner spät erwachten Lust, noch mehr von der Fremde zu entdecken, nicht. Da regten sich in den hohen Jahren unerwartet Fernsehnsüchte, die sich in meiner Jugend und in der Lebensmitte nie vollauf befriedigen ließen.

Längst war Irland, die grüne Insel, eines der Traumländer, das ich noch gerne sehen wollte. Mein Wunsch ging in Erfüllung, nur brachte die Reise ein latentes Rheumaleiden zum akuten Ausbruch. Das feuchte Klima der Insel und ein ausnehmend regnerischer Sommer trugen neben den ungeahnten körperlichen Strapazen dazu bei. Ein nachfolgender Auszug aus meinem ›Irischen Tagebuch‹ gibt eines meiner eindrücklichsten Reiseerlebnisse wieder.

Wir übernachten in Caherdaniel. Mir ist ein Zimmer zugewiesen, das mir einen Jubelruf entlockt. Goldgelb und weiß strahlt es mir entgegen. Auch die funkelnagelneue Einrichtung ist in diesen Tönen gehalten. Und durch die zimmerbreite Fensterfront leuchtet und gleißt im Abendlicht ein von Gold übergossenes Meer. Ich bin ganz trunken von dem Anblick. Diesmal möchte ich meinen Koffer am liebsten für immer auspacken. Alle Müdigkeit ist verflogen.

Nach dem Nachtessen ist der Abend so bezaubernd schön, daß ich der Verlockung unseres Reiseleiters Dr. Riedler nachgebe. Der Menschenfreund verspricht mir ein Naturerlebnis besonderer Art, wenn ich mich seiner Führung anvertraue und mit ihm zum Meer hinuntersteige.

Erst schreite ich mutig mit und klettere über die Blöcke am Strand – spitzige, scharfkantige, willkürlich ineinander geschachtelte Gebilde; doch plötzlich finden meine Füße keine sichere Abstellfläche mehr. Ich zögere, bekomme es mit der Angst. Gleichzeitig rebelliert mein lädiertes Knie. Nutzlos der freundliche Zuspruch meines Begleiters, umsonst seine stützende Hand! In der Mitte der Steinwüste schaffe ich's nicht mehr, wage mich weder vorwärts noch rückwärts. Dr. Riedler bleibt nichts anderes übrig, als den Christophorus zu spielen und meine Last huckepack auf den Buckel zu nehmen.

Wohlbehalten bringt er uns beide aus der Gefahrenzone. Ich bin froh, daß dieses Ereignis nicht photographisch festgehalten wurde. Wer kann die mich zermürbenden Gefühle nachempfinden, die ihm folgten! Es sind die eines Esels, der sich aufs

Eis gewagt hat. Wie ein Hund, gleichsam mit hängendem Schwanz, verschwinde ich in mein goldenes Zimmer.

Trotz des demütigenden Erlebnisses erwache ich am nächsten Morgen ausgeruht. Erwartungsvoll ziehe ich die goldgelben Vorhänge auf. Aber in Irland müßte es heißen: Man soll den Tag nicht vor dem nächsten Morgen loben! – Die herrliche Aussicht von gestern ist von Nebel so dicht verhangen, als wolle er sich nie mehr auflösen. Das »Zahnweh«-Knie trübt zudem meine ebenso graue Stimmung. Es reagiert ungnädig auf die Feuchtigkeit, die vom Meer her durch alle Fugen dringt. Nervös suche ich meine Sachen zusammen und muß zu meinem Ärger feststellen, daß mein unentbehrlicher wattierter Anorak fehlt. Ich werde ihn doch nicht auf den Steinen am Meer liegenlassen haben?

In unangemessener Morgenfrühe begebe ich mich auf die Suche.

Ein müder Nachtportier übergibt ihn mir. In meiner Laune etwas besänftigt, weil ich wenigstens diese Sorge los bin, schmiege ich mich im Loungeroom in einen Strohsessel.

Zur spät angesetzten Frühstücksstunde schlucke ich meine Dosis Medikamente. Da ich im voraus weiß, daß die Wirkung ausbleiben wird, bin ich an diesem 25. Juni auf der Fahrt nach Portmagee ein Bündel Pessimismus.

Ich sitze auf meinem privilegierten Platz vorn an

der Seite des Fahrers. Mike ist ein gutmütiger, origineller Mann gesetzten Alters und in der Geschichte seines Landes erstaunlich gut beschlagen. Meist singt er auf der Fahrt mit einer Stimme, die einem Opernsänger wohl angestanden hätte. Aber heute möchte ich ihn zum Teufel wünschen, wenn er seine Love-songs schmettert und mich »darling« und »honey« nennt. Wir haben sonst ein gutes Verhältnis miteinander, und auch jetzt gehe ich nicht von der nun schon eingespielten Morgenzeremonie ab, ihm Papiertaschentücher zum Putzen seiner triefenden Nase zu reichen und »Zeltli« für den Raucherhusten.

Meine Lebensgeister erwachen erst, als wir das braune Moorgebiet durchfahren. Hier schildert mir der Chauffeur genau, wie der Torf gestochen und auch heute noch verwendet wird. Edna O'Brien fällt mir ein, die in ihren Büchern das Leben einer Torfstecherfamilie so lebendig zeichnet. Hier hat ›Das Mädchen mit den grünen Augen‹ seine traurigen Jugendjahre verbracht.

An unserem Ziel, dem kleinen Meerhafen Portmagee, herrscht buntes Treiben mit mir unvertrauten Bildern, Geräuschen und Gerüchen.

In einer Seemannskneipe stärken wir uns vor der Überfahrt zur Insel Skellig Michael mit Kaffee, manche mit Whisky gespritztem; sie haben Angst vor der Seekrankheit. Auch mir ist ein wenig beklommen zumute, doch bin ich zuversichtlich, denn Dr. Riedler hat uns prophezeit, die Fahrt sei so sanft wie eine auf dem Vierwaldstättersee.

Das Einsteigen ins kleine Motorboot – rückwärts über eine weitsprossige Eisenleiter – bewältige ich mit Humor; das Knie hält sich dabei erstaunlich gut.

Es ist kalt, regnet aber nicht. Für eine Kabine unter Dach hat das schwankende Vehikel keinen Raum. So sitzen wir dichtgedrängt an der frischen Luft. Ich habe Glück mit meinem Platz an der Wand der Motorkajüte. In meinen Winkel kommt irgendwoher etwas Warmes an mich heran. Frierend schmiege ich mich an die mit Bastlappen umwundene geheizte Röhre.

Die Reisegruppe ist noch recht fröhlich. Dr. Riedler gibt den optimistischen Ton an, dem ich zum erstenmal nicht ganz traue. Nichts von der vorgespiegelten Fahrt »wie auf dem Vierwaldstättersee«!

Im Hafen ging es ja noch, aber im offenen Meer wird das dürftige Boot von hohen Wellen nur so hin und her und auf und ab geschaukelt wie auf einer Berg- und Talfahrt. Und das soll mehr als zwei Stunden dauern!

Ein Mann fällt als erster, wird zur Elendsfigur und von seiner Frau auf den Boden gebettet, andere folgen. – Ein roter Kessel macht die Runde, ein kleinerer gesellt sich hinzu. Einige benutzen ihre Plastiktüten. Die hübsche Frau Z. übergibt sich mit diskreter Grazie über Bord. Ihr Gemahl wickelt sie in seinen Lodenmantel. Mir geht die Mendelssohn-Melodie durch den Kopf: *O säh' ich auf der Heide dort im Sturme dich, mit meinem Mantel vor dem Sturm beschützt ich dich* ... Dr. Z. selbst bleibt verschont. Da er mir gerade gegenübersitzt, hat sein halb verlegenes Lächeln etwas Stärkendes für mich, während ich bereits mit dem Übelwerden kämpfe. Ich halte lange durch, bis zur letzten halben Stunde. Dann kann ich keinen Widerstand mehr leisten. Der rote Kübel kommt auch bei mir in Gebrauch. Eine der Basler Schwestern, die mit den schönen traurigen Augen, betreut mich als mein sanitarischer Engel bis zur Landung. Ich werde es ihr nie vergessen!

Wo steckt denn Dr. Riedler? Er ist verschwunden, stelle ich mißtrauisch fest. Doch da erscheint er schon munter unter der Kajütentür. Hat er sich vor unseren Leiden verzogen?

Endlich Land in Sicht! Die Insel Skellig Michael, ein schwarzer Fels im Meer, umschwirrt von Tausenden von Vögeln. Sie sehen aus wie kleine Pinguine. Zur Eroberung dieses spitzen Berges gilt es, eine 200 Meter hohe Stiege, unterbrochen von steilen Felsplatten, zu überwinden. Schwindelfrei müsse man sein, und es sei ratsam, nicht in die Tiefe zu blicken. Ich fürchte, daß das Unternehmen für mich nicht ungefährlich sein dürfte. Aber Dr. Riedler animiert mich erneut, es unter seiner Führung zu wagen. Ich überlege: Es wäre höchst ungemütlich, unten auf dem schmalen, feuchtkalten Streifen des Landeplatzes, zwischen Fels und Wasser einsam zu warten – vielleicht stundenlang.

Also los! Behutsam gehen wir voran, Schritt für Schritt. Auf vier Fünfteln Höhe gebe ich auf, setze mich zur endgültigen Rast auf eine Felsplatte. Mein Helfer gönnt mir die Ruhepause, muntert mich aber bald wieder auf, spricht mir zu: »Nur noch ein kurzes Stück und wir sind oben!«

Die mindestens gleichaltrige Doktorin, die inzwischen auch heraufgekrochen kommt, unterstützt ihn, indem sie mich bei der Ehre nimmt und sich mir als Beispiel hinstellt.

So nehme ich das letzte Stück noch auf mich, denn es ist ja auch Dr. Riedlers Ehre, später sagen zu können: »Keiner hat aufgegeben!« Nur glaube ich die Stimme meiner Tochter zu hören: »Nein, nein, das ist nichts fürs Mami! Gefordert sein, ja, aber nicht mit einem kranken Knie!«

Oben am Ziel ist es dann unvergleichlich schön. Hier lebte im 5. und 6. Jahrhundert eine Mönchsgemeinschaft, keinem eigentlichen Orden zugehörig. Sie umschloß nur eine geregelte fromme Brüderschaft. Hier fanden oft auch weltliche Fürsten Zuflucht vor den Wikingern. Flucht von jeher, immer und überall – damals wie heute!

Die von den Mönchen aus groben Steinen erstellten Zellen, Beehouses genannt, bestehen heute noch. Die Brüder nährten sich hauptsächlich von Vogeleiern. Zwei Quellen spendeten ihnen Wasser. An diesem weltverlorenen Ort suchten sie bei *ora et labora* das letzte Geheimnis – Gott.

Mich an einem Apfel labend, sitze ich auf dem harten Felsblock und grüble diesem seltsamen lebensfremden Trieb zur Askese nach. Wie stark muß er in Menschen wirksam sein, daß er den natürlichen zu überwinden vermag! Fühlten diese Mönche sich nie gottverlassen? Ist Glaube nicht auch immer mit Zweifel verbunden? Wie konnten die Männer solche Anfechtungen bestehen? Dem Teufel schrieben sie sie zu und rangen sie nieder in immerwährendem Gebet. Und haben dabei vielleicht das Höchste erreicht: eine Spur letzten Sinns.

Lange habe ich – angesichts der fast überirdischen Schönheit rings um mich – diesem Mönchsleben nachgesonnen, habe mir dunkle, kalte Winternächte und Stürme in dieser steinigen Einsamkeit vorgestellt, bis mir schauderte und ich, erwachend, mich zu Dr. Riedlers Erklärungen flüchtete. Er sprach von der Lebenskraft der Siedlung, die sich bis ins 12. Jahrhundert erhalten habe und dann zum Wallfahrtsort geworden sei. Er scheint es heute noch zu sein, wir sind nicht die einzigen, die den Berg erklommen haben. Ich höre neben Englisch auch Französisch und Deutsch. Sind es Wallfahrer, Kunsthistoriker oder Naturfreunde, die mir da auf dem engen Pfad über die Füße hinwegklettern?

Dem heiligen Michael sei diese Stätte geweiht, erläutert Dr. Riedler, alle sich auf diesen Erzengel beziehenden Stationen seien auf Höhen angelegt. Er erinnert an den Mont St. Michel, und mir kommt unser luzernisches Michaelskreuz in den Sinn, das so lieblich auf seinem Hügel angesiedelt ist.

Ich nehme den Abstieg als erste auf und setze, gekräftigt, meinen Ehrgeiz darein, ihn ohne Hilfe, ganz allein, zu bewältigen. Ich lasse mir Zeit, und unterwegs weiß ich bei jedem Tritt, daß ich Unvergeßliches hinter mir lasse.

Ein Bekehrungsversuch

Im farblosen Alltag gibt es immer wieder bunte, anregende Ereignisse. Auch alte Leute brauchen sie und ich im besonderen. Eine vielversprechende Abwechslung ist mir in diesen Übergangstagen vom Winter zum Frühling zugefallen. In Abständen von je einer Woche soll ich an der Senioren-Volkshochschule von meiner Irlandreise im letzten Sommer erzählen, und Dr. Riedler, unser kunsthistorischer

Reiseleiter, wird meine Lesung mit Lichtbildern beleben. Er wird nicht von sich selber sprechen wie ich, sondern von Zeugen uralter Zeiten, vom Leben der Kelten und ihren Bräuchen, ihren Grabkammern, ihren Heiligtümern und Riten, aber auch von der mühsamen Bekehrung der Iren zum Christentum. Er wird Bilder von den ältesten Kirchen des Landes zeigen und von kunstvollen Kreuzen und Stelen aus frühchristlicher Zeit. Sein Vortrag wird die Zuschauer begeistern, weil er es versteht, seine Faszination von Irland auf sie zu übertragen.

Auf meine eigene Darbietung habe ich mich gut vorbereitet, viele Stunden am Manuskript gefeilt, bis ich mich schließlich darauf freuen konnte. Nur ist Vorfreude bei mir stets mit etwas Ängstlichkeit verbunden, weil ihr erfahrungsgemäß häufig Enttäuschung folgt und Unvorhergesehenes sich so oft vor das Erhoffte schiebt, ja es zuweilen gar verhindert.

War es diese Befürchtung, die bewirkte, daß mich kurz vor der ersten Lesung eine Grippe packte, begleitet von einer anderen Erkrankung, die mich schon vor Jahren heimgesucht hatte – einer schmerzhaften Entzündung der Nervenfasernhüllen.

Dank ärztlicher Hilfe bestand ich trotz dieser Attacken die Lesungen gut. Vor der zweitletzten jedoch befand ich mich in jämmerlicher Verfassung. Schmerzen plagten mich, dazu eine Zittrigkeit in allen Gliedern. Ich hatte Angst. Werde ich mich auf den unsicheren Füßen halten können, meinen Text fließend lesen – mit diesem Nebel vor den Augen, vielleicht einem schon fortgeschrittenen Star? Ich sehe das schmale Lesepültchen mit dem spärlichen Platz, um das Blatt übersichtlich auszulegen, vor mir. Die angeklemmte kleine Lampe wird mich blenden, statt mir das Schriftbild zu erhellen.

Nicht nur Vorfreude, auch vorherige Sorge, erweist sich oft als trügerisch, so an jenem Tag. Unaufgefordert bietet sich meine Tochter an, mich am Nachmittag zum Vortragsort zu begleiten. Sie führt mich zum Saal, hilft mir die Stufen zum Podium hinauf und legt mir das Manuskript so bequem wie möglich auf dem Pültchen zurecht. Nach der Verdunkelung während der Lichtbilder wird der Vorhang aufgezogen, so daß mir eine helle Frühlingssonne aufs Blatt scheint. Es ist wie ein Wunder – ich habe noch nie so frei und sicher gelesen wie zu dieser Stunde.

Nachher bin ich allerdings erschöpft, und nichts wäre mir jetzt lieber, als rasch heimzufahren und auszuruhen. Doch da werde ich plötzlich von meiner Freundin Elisabeth umarmt, die sich unter den Zuhörern befand. Sie erinnert mich an mein Versprechen, mit ihr vor ihrer Abwesenheit in Italien zusammen zu sein. Ich muß Wort halten, eingedenk all des Guten, das ich ihr verdanke.

Zwei volle Stunden verbringen wir in der Konditorei um die Ecke. Zu dieser Zeit ist sie fast leer, wir können uns in einem stillen Winkel niederlassen. Wir haben uns lange nicht gesehen, sind uns aber sofort so nahe wie damals vor zwei Jahren in England, als ich noch gesund war.

Elisabeth ist ein sehr unternehmungslustiger Mensch. Sie quillt über von Einfällen. Während unseres Englandaufenthaltes lehrte sie an einem Tag Kinder oder gar züchtige Nonnen im Bassin unterhalb des Cliffs schwimmen, am anderen war sie nicht abgeneigt, in den Boutiquen von Brighton zu stöbern und Geschenke einzukaufen.

Ständig macht sie neue, interessante Bekanntschaften, denn sie ist das menschenfreundlichste Wesen, das ich kenne. Aus ihrer Frömmigkeit heraus lebt sie ganz der Hingabe an andere, besonders an Leidende und Hilfsbedürftige. Und was bin ich jetzt anderes als ein solcher? Längst hat sie erraten, wie mein Gesundheitszustand mich bedrängt.

Sobald wir uns die Erlebnisse der letzten Monate bei Kaffee und Kuchen mitgeteilt haben, fängt sie auch schon von dem zu sprechen an, wovon sie selbst ganz erfüllt ist – von ihrer Geborgenheit in Gott. Sie tut es nicht ohne die Absicht, mir etwas davon zu vermitteln, obwohl sie längst in meine Beziehung zum Religiösen eingeweiht ist. Sie kennt meine Scheu vor den letzten Geheimnissen. Nie habe ich vor ihr mein Bekenntnis zurückgehalten, daß ich kein Bibelwort so achte wie dieses: *Du sollst dir vom Göttlichen kein Bildnis machen.* Es tut mir jedesmal leid, sie zu enttäuschen, wenn ich ihr meine Skepsis andeute. Ich wäge meine Worte vorsichtig ab, lasse einen Spielraum zwischen Ehrlichkeit und Abweisung. Fromme Lügen bringe ich nicht fertig und darf mir doch nicht selber untreu werden. Ich muß zu meiner Erkenntnis, die vor dem Geheimnis innehält, stehen.

Wir kommen auch auf den Tod zu sprechen. Ich bekenne Elisabeth, daß ich mich davor nicht fürchte und selbst den Gedanken an die Auflösung ins Nichts ertragen könne. Sie aber gibt sich nicht damit zufrieden. Sie will mir Gott in seiner persönlichen Liebe zu mir nahebringen. Immer wieder beteuert sie, was für ein guter Christ ich sei und wie herrlich ich einmal im Jenseits empfangen würde.

Sie kennt mich wirklich nicht, läßt sich bloß täuschen von meinen Bemühungen, ein anständiger Mensch zu sein. Aber sie hat es sich nun einmal in den Kopf gesetzt, in mir die gute Christin zu sehen. Unmöglich, mich ihrer Überschätzung zu erwehren! Nie wird sie es verstehen, daß ich mich an Stelle himmlischer Freuden, die sie mir verspricht, mit der ewigen Ruhe so gut abfinden könnte.

Ich frage sie: »Ist denn Ergebung ins Verborgene nicht ebenso fromm wie sichernder Glaube?«

Nun bin ich müde geworden – denkmüde. Wie sehr mich auch ihr liebevoller Eifer rührt, ich muß ihr meinen hinter mir liegenden anstrengenden Tag zu bedenken geben. Nur Gottergriffene wie Elisabeth scheinen nie müde zu werden.

Sie schlägt mir vor, mich heimzubegleiten, begreift dann aber doch, daß ich erschöpft bin und jetzt allein sein möchte. Sie führt mich am Arm über die gelben Streifen zur Haltestelle und hilft mir beim Einsteigen in den Bus. Als er bereits in Fahrt ist und ich ihrer lieben Gestalt nachwinke, merke ich, daß ich meinen Krückstock in der Konditorei vergessen habe…

Eine knappe halbe Stunde später – ich habe eben meinen Mantel abgelegt – klingelt es an meiner Haustür. Es ist Elisabeth mit der Krücke!

»Es war eine Fügung!« beteuert sie, mich umarmend, »du sollst den Abend nicht allein verbringen!«

Darauf bereiten wir gemeinsam ein einfaches Abendbrot.

Noch einmal bin ich ihrer rührenden Seelsorge ausgesetzt, ihren eindringlichen Versuchen, mir das Köstlichste zu vermitteln, das sie besitzt. Es wird spät dabei. Erstaunlich, wie wach ich bleibe. Ich bin gleichsam ein Kind, das der Mutter lauscht. Wie ich sie dann auf ihren weiten Heimweg durch die Dunkelheit entlassse, lehnt sie es strikt ab, daß ich ihr ein Taxi bestelle.

»Mach dir keine Sorge, ich bin ja nicht allein, du weißt es doch!«

Mir läßt sie zwar nicht das zurück, was sie für mich gewünscht hätte, aber den Mut, auch durch die Dunkelheit zu gehen und mich getrost fallen zu lassen in das, was auf mich zukommt und mir geschehen *muß*.

Vom Heimweh

Nach meiner Irlandreise lese ich im Sammelband ›Irische Liebesgeschichten‹. Es sind keine frohen, eher traurige, die bis auf zwei, drei realistisch, das heißt enttäuschend enden. Eine mit dem Titel ›Heimweh‹ hat mich besonders betroffen gemacht. Darin ist ein in jungen Jahren nach Amerika Ausgewanderter in seine alte Heimat zurückgekehrt, verliebt sich in eine schöne, auch gute Frau und kann sich doch nicht binden und bleiben, weil er sich nach der gewohnten Lebensweise in Amerika sehnt. Er fährt dorthin zurück, fühlt sich wieder ganz zu Hause, kommt zu Wohlstand und gründet eine Familie.

Jahrelang geht es ihm gut. Erst im Alter, als er sich zur Ruhe setzt, verliert alles Erworbene und Gewonnene für ihn an Wert. Ihm ist, als sei sein einziger Besitz in Irland zurückgeblieben. Er lebt nur noch in der Erinnerung an die lange verschwiegene Vergangenheit, an die Liebe zu jener Frau und die ursprüngliche Heimat.

So geht es vielen Menschen. Werden sie alt, sucht sie die Erinnerung heim und verklärt eine frühere Zeit, in der sie glaubten, geborgen und glücklich gewesen zu sein. Wenn die tägliche Daseinssorge ihn losläßt, kann der alte Mensch zum Träumer werden, zum Heimwehsüchtigen. Er besinnt sich auf verdrängte Gefühle, glaubt, etwas versäumt zu haben und nun nachholen zu müssen. Solches kann sich auch lange vor dem Altern ereignen, etwa in einer Verschnaufpause oder während einer Krankheit, in der Rekonvaleszenz, besonders auch nach einem Verlust.

Wer gibt vor, nie Heimweh empfunden zu haben? Wer sind die Seltenen, scheinbar Starken? Sind es bloß Gefühlsstumpfe? Wer sind die Armen, an denen nie das Sehnen nach einem verlorenen Zustand oder nach einem geliebten Menschen zehrt? Vielleicht haben sie nur die Sprache oder den Mut nicht, es zu sagen. Ich möchte ihnen nicht ins Innerste blicken, es könnte mich vielleicht erschrekken! Ich habe keinen gekannt, der des Heimwehs nicht in irgendeiner Weise fähig war, nur solche, denen es im Lebenstumult nicht bewußt geworden ist wie jenem Iren.

Andere müssen fast zeitlebens mit dem Heimweh zurechtkommen. Wann und wie mögen sie es sich erworben haben? Jedes Heimwehleiden hat seine eigene Geschichte. Meist beginnt sie in früher Jugend. Ich erinnere mich gut, wie es *mich* zum erstenmal heftig ergriffen hat.

Das Kind war jahrelang herumgestoßen und herumgeboten worden: von der Großmutter zu Leuten, an die es sich später nicht einmal mehr erinnern konnte, wieder zurück zur Großmutter oder zu einer Tante aufs Land, wo das kränkelnde kleine Mädchen sich erholen sollte. Dazwischen ein paar wenige Wochen bei den jungen Eltern.

Alle diese Menschen waren dem Kind wohlgesinnt, aber so richtig gedeihen konnte es nicht, nirgends Wurzeln fassen. Kaum hatte es sich an einem Ort etwas eingewöhnt, wurde es wieder abgeholt. Das »Stafettenspiel« hörte nicht auf, bis ein Engel es unterbrach, ein Menschen-Engel. Der hatte Erbarmen mit dem heimatlosen Geschöpf, nahm es zu sich und schenkte ihm alles, was es an mütterlicher Zuneigung und Geborgenheit brauchte. Ja, ein Engel war sie für das Kind – bei aller menschlichen Beschaffenheit –, ein schützender, liebender Engel.

Sie war meine leibliche Tante und zugleich Patin. Obwohl noch jung und schön, war sie unverheiratet geblieben, denn sie hielt es für ihre Pflicht, dem Haushalt ihres gelähmten Vaters vorzustehen. In der damaligen Zeit galt sie als emanzipierte Frau; sie hatte sich auf privatem Weg, allen Widerständen zum Trotz, zur Lehrerin ausgebildet, um sich Selbständigkeit und Unabhängigkeit zu sichern. In der Familie, im Verwandten- und Kollegenkreis, überall, wo man sie kannte, genoß sie Achtung und Ansehen. Sie hatte kein Kind zur Welt gebracht, und doch war eine Leib und Seele durchdringende Mütterlichkeit in ihr. Für mich konnte es keine bessere Mutter geben.

Mitten in meine endlich gewonnene Geborgenheit fiel ein mich heute noch befremdendes Ereignis. Vieles daran scheint unerklärlich, es muß an den absonderlichen Familienverhältnissen gelegen haben. Meine Eltern empfand ich wie entfernte Verwandte. Die wenigen Wochen, die ich bei ihnen verbrachte, kamen mir wie ein Traum vor. Sie waren nie hart zu mir, vielmehr freundlich, aber ich sehnte mich anderswohin, vielleicht zur Großmutter. Zwei Narben sind mir aus meiner frühen Kindheit geblieben. Die eine kann ich noch heute mit den Fingerspitzen an der Haut unterhalb des Kiefers abtasten. Sie rührt von einem Drüsenschnitt her, den der Arzt am skrofulösen Kind vornehmen mußte. Die andere sitzt als Überbleibsel einer unsteten Kindheitsphase – ebenfalls kaum noch wahrnehmbar – auf dem tiefen Grund meiner Person.

Nachdem ich mich schon ein paar Jahre bei der Mensch-Engel-Tante eingelebt hatte, kehrten die Eltern nach langer Abwesenheit aus der Fremde heim. Sie zogen in einen Vorort unserer Stadt und verlangten mich als ihr Eigentum zurück.

Genau kenne ich die Gründe nicht, nur vom Hörensagen, es mag ein Gemisch von verschiedenen Motiven gewesen sein, vielleicht, daß ihnen das vernachlässigte Kind inzwischen Gewissensbisse verursacht hatte – was weiß man von den komplizierten inneren Triebkräften junger Eltern, die es von Anfang an nicht leicht hatten!

Merkwürdig war: Ich ließ mich überreden, von schmeichlerischen Versprechungen fangen – auch von ein wenig Abenteuerlust –, zu ihnen zu ziehen. Es war vor allem meine Phantasie, die mir vormalte, wie ich mit meinen Schwesterchen zusammenleben würde. Obwohl ich sie nur von kurzen Besuchen her kannte, liebte ich sie zärtlich. Etwas zu haben wie andere Kinder – Schwesterchen, die zu mir gehörten! Die Folgen sah ich nicht.

Die Tante packte meine Kleider in einen japanischen Strohkoffer – man redete französisch über mich hinweg. An den Abschied erinnere ich mich nicht mehr.

Auf einmal befand ich mich zu kühl-sonniger Vorfrühlingszeit am neuen Ort. Die Schwesterchen schliefen bei mir im großen kahlen Zimmer. An Ostern spielte ich am damals noch verkehrsfreien Platz vor dem Haus mit sonntäglich gekleideten, gleichaltrigen Kindern. Neugierig interessiert nahmen sie das Stadtkind in ihre Gemeinschaft auf. Sie machten mich freudig gespannt auf die Schule, die ich in wenigen Tagen mit ihnen besuchen sollte, und ließen mich fühlen, daß ich ganz angenommen war.

Auch die Eltern waren freundlich zu mir. Die Schwesterchen umwarben mich stürmisch mit Zärtlichkeiten. Was sollte mir fehlen? Doch da erwachte ich am Ostermontag in eine kahle Fremde hinein. Ich fror bis ins Innerste. Hier sollte ich fortan zu Hause sein? Bei diesen Leuten, meinen Eltern, mit ihren unvertrauten Stimmen, die sich meistens französisch unterhielten? In diesen kühlen, nüchternen Zimmern sollte mir warm werden? Und die Schwesterchen? Wohin war der mütterliche Trieb versickert vor der schrecklichen Einsicht, daß ich hier nicht zu Hause war? Beim Frühstück würgte ich das Konfitürenbrot hinunter. Vielleicht habe ich noch gelacht zu den Späßen, welche der Mann, der mein Vater war, machte...

Aber dann habe ich – wie im Traum – nachtwandlerisch sicher, gehandelt. Ich ging nicht auf die Straße, um mit den netten Mädchen und Buben Ostereier zu tauschen. An ihnen vorbei ließ ich mich treiben, wohin die Füße mich trugen.

Geld hatte ich keins. Ich folgte einfach den mir einigermaßen bekannten Wendungen der Straße, später der Straßenbahn, die mich nahe zu dem Ort führte, wo ich zu Hause war.

Ich hastete die blank gebohnerte Treppe hinauf, klingelte stürmisch, und schon hing ich am Hals der Tante: »Ich bin wieder heimgekommen!«

Im Wohnzimmer saß ihre beste Freundin. Die beiden Frauen nahmen mich auf dem Plüschsofa in ihre Mitte. Sie schlangen die Arme um das schluchzende, zitternde Bündel Elend, streichelten und trösteten es sanft. Das Kind stammelte nur immer: »Nie wieder fort!«

Am Versprechen der Tante, mich für immer zu behalten, beruhigte ich mich allmählich. Ich war wieder daheim.

Großvater und Tante brachten die Sache mit den Eltern in Ordnung. Aber noch lange kehrte ich an freien Schulnachmittagen auf dem Wege zu Besuch bei Verwandten oder Freundinnen wie unter einem Zwang plötzlich um. Und wenn die erstaunte Tante mich empfing: »Ja, kommst du denn schon zurück?«, antwortete ich: »Ich hatte Angst, du könntest gestorben sein!«

Bald darauf stand im Wohnzimmer ein nagelneues Klavier, feierlich-glänzend schwarz mit silbernen Kerzenleuchtern. Der Deckel stand offen, und die weißen Elfenbeintasten lachten mich an. Die Menschen-Engel-Tante schenkte es mir zur endgültigen Heimkehr.

Seither bin ich das Heimweh nie ganz losgeworden. Unversehens konnte es mich anfallen – als Heimweh im voraus. Da saß ich etwa als junge Mutter mit den Kindern zusammen, zum Beispiel zur Teestunde, im vollen Bewußtsein des glücklichen Augenblicks. Plötzlich überfiel mich der Knabe mit einer seiner tiefsinnigen Fragen nach dem Woher und Wohin der Menschen. Nichts kann einen so nackt, so hilflos der existentiellen Dunkelheit aussetzen wie Kinderfragen. Das Gegenwartsglück zerfällt in Beklemmung. Man weiß ja mehr über Vergänglichkeit und Tod, als man ihnen zu sagen wagt. Man spricht vielleicht von einem großen Geheimnis, das die Menschen nicht wissen sollen, und ist dabei selber ergriffen vom Nichtwissen.

Aber bald nach solchem düster-seherischen Augenblick riß mich das Leben wieder mit und ließ ihn mich vergessen.

Und jetzt im Alter? Geht es mir wie dem Iren in der Geschichte, der nur noch von der Trauer um Verlorenes lebte? Hänge ich etwa mit einer gewissen Wollust einem bitter-süßen Zurücksehnen nach?

Ach, nein, so ist es nicht. Jetzt kann ich dem Heimweh offen ins Gesicht sehen. Ich kann es befragen, analysieren, mich auch von ihm distanzieren, wenn es aufdringlich werden will. Oder ich kann ihm eine Sordine aufsetzen und seine Stimme zu einem feinen Pianissimo dämpfen. In dieser fast lautlosen Näherung möchte ich es nicht einmal für immer vermissen.

Es hat gedauert, bis ich soweit war, Vergangenes nicht verklärt zu sehen. So gerne ich mich in der

Erinnerung ergehe, ich überschätze das Gewesene nicht mehr. Ich brauche nur in meinen Tagebüchern nachzulesen, wie es wirklich war. Dort ist es spontan und unbeschönigt festgehalten, wie sich die täglichen Inhalte in ihren schwankenden Stimmungen ergaben. Da steht auch, was mir an flüchtigem Glück gewährt war.

Oft hätte ich die Gegenwart anhalten mögen:

»Steh doch still, kleine Welle –
nur eine Weile lang,
damit ich bin
und nicht nur war
und nicht nur sein werde.«

Das war, wenn ich auf eine Glücksinsel gespült wurde, nach vielen Nöten, Ängsten, Kämpfen, Enttäuschungen.

Wer sehr alt wird, muß gelernt haben, sich mit dem Heimweh zu vertragen. Schwer für jene, denen das Schicksal mühsam Erkämpftes, Liebgewordenes, Notwendiges, Unentbehrliches brutal geraubt hat. Sie sind mit dem Heimweh auf immer verwachsen, und nicht wenige gehen daran zugrunde.

Manchmal erscheint es mir zwar, als sei das Heimweh am Aussterben, eine nüchterne Generation wachse heran. Aber es ist nicht wahr – es geht immer noch um, in vielerlei Gestalt – Heimweh nach allem, was betrauert werden kann. Es ist nicht auszurotten, solange Menschen fähig sind zu fühlen. Da kann sich kühler Verstand lange vorsagen: »Verluste gehören ins Dasein, um es zu verändern, zu bewegen, ja zu vernichten, aber sie erneuern zugleich auch alles Bestehende, lassen es nicht erstarren.«

Mit solcher Vernunft ist Heimweh nicht verschwistert. Und doch enthält es das Zugeständnis, daß dieses Leben uns einmal schenkte, was von großem Wert war. Sonst hätten wir nicht Heimweh danach.

Vorlesen

Immer wieder packt mich das Bedürfnis, möglichst viel Leben einzufangen. Schon früh erwache ich mit der Vorahnung, daß sich heute vieles ereignen werde.

Und was hat mir dieser Tag an Erlebnissen und Erkenntnissen wirklich gebracht? Sind es solche, wofür ich dankbar sein darf? Oder hatte ich mich mit Enttäuschungen und Versagungen abzufinden?

Auf den frühen Nachmittag fiel die letzte meiner Vorlesungen bei den Senioren. Ich freute mich darauf. Ich würde zum Schluß Dr. Riedler meinen Dank ausrichten für seine Führung während der Irlandreise. Ich würde seinen menschenfreundlichen Einsatz nicht vergessen, der besonders mir zugute gekommen war. Zugleich würde ich Abschied nehmen von den Zuhörern, die mir so aufmerksam ihre Freizeit geschenkt haben.

Bis dahin geschah alles nach meinen Erwartungen. Im Büro von Dr. Riedler zogen wir das Fazit unserer gelungenen Zusammenarbeit. Beinahe vergaßen wir darob den Umschlag mit dem uns überreichten Honorar.

Wie wir ihn, ein wenig zögernd, öffnen, gefriert unser Lächeln. Wir fühlen uns wie kalt geduscht ob dem schäbigen Taschengeld, womit wir für unseren großen Zeitaufwand der Vorbereitungen und die angefallenen Spesen abgefunden werden. Wir sind dabei so verlegen, daß wir uns kaum anzusehen wagen. Bei unserer Berechnung kommen wir nicht einmal auf den Stundenlohn einer Putzfrau. So wird geistige Arbeit immer noch eingeschätzt!

Aber mein Tag ist mit dieser Erfahrung noch lange nicht zu Ende. Am Abend steht mir eine weitere Lesung bevor. Die Bibliothek-Kommission in K. hat mich dazu eingeladen und mich die Texte zum Thema ›Umwelt und Inwelt‹ frei wählen lassen. Das Erlebnis vom Nachmittag wirkt nach, mich drückt mein Alter wie eine Schuld. Ich spüre meine Krankheit in jeder Faser der Muskeln und Nerven.

Meine Tochter fährt mich, wie meist zu solchen Anlässen, nach der kleinen Stadt K. Ein kalter Regen hat eingesetzt. Beim Aussteigen am fremden Ort habe ich nur verschwommene Bilder eines betonierten Parkplatzes vor Augen. Aber gleich treten wir in die warmen, hellen Räume einer Bibliothek. In Nischen locken Gestelle voll bunter Bücher. Dazwischen sind überall Sessel verteilt; selbst Liegen laden zum noch bequemeren Verweilen beim Lesen ein.

Man empfängt mich freundlich. Der Vortragsplatz wird ausprobiert. Auf die runde Fläche des weißen Tischs fällt helles Licht, Wohltat für meine Augen!

Allmählich füllen sich die im Halbrund angeordneten Sitzreihen davor. Die Leute unterhalten sich leise. Dann werde ich vom Präsidenten der Kommission und der Bibliothekarin mit ungestelzten Worten eingeführt.

Ich beginne vorzulesen. Bei dem guten Licht gelingt es mir fließend. Bald vergesse ich alles um mich herum. Nur wenn jemand kurz auflacht, erinnere ich mich, daß man mir zuhört. Ich weiß zwar nicht, was das Lachen bedeutet, aber es ist ein angenehmes Lachen, das mich glauben läßt: Da ist einer, der merkt, daß ich bei allem Ernst auch noch ein bißchen Humor habe. Dann wieder lautlose Stille.

Noch bevor die Zuhörer es in der Diskussion verlauten lassen, habe ich es gespürt, daß ich ihnen mit meinen Gedanken zu ›Umwelt und Inwelt‹ entgegengekommen bin. Was ich ihnen anvertraute, ist nicht ins Leere gefallen. Jemand spricht es aus: Ich hätte mit meinen Aussagen Nähe ausgestrahlt. Das tut dem kontaktbedürftigen Ich wohl.

Sie mögen auch die Art meiner Sprache, obwohl sie nicht sehr kunstvoll ist. Manchmal befürchte ich, sie diene nur noch mir selbst, mich zu lockern und mit mir ins Reine zu kommen. Jetzt darf ich erfahren: Sie trägt noch zu Menschen. Man kauft mir obendrein Bücher ab, eine ganze Menge der von der Bibliothekarin feilgebotenen. Ich komme kaum nach mit Signieren.

Zu meiner Überraschung sind einige Bekannte aus früheren Jahren unter den Käufern und geben sich mir zu erkennen. Sie hellen mein Gedächtnis auf, was damals war, wie z. B. die Mutter eines geistig behinderten Sohnes, den ich als Knaben unterrichtete. Wie da plötzlich alles auflebt! Fritzchen, der äußerlich wohlgestaltete Bub mit fast unmerklicher Behinderung der Glieder, Folge eines Geburtsschadens. Schlimmer die Störung im Bereich der geistigen Fähigkeiten.

Ich sehe den Knaben wieder neben mir am Pult sitzen, begierig zu lernen, und der es doch nicht weiter brachte, als einige Buchstaben zu schreiben und zu lesen und an den Fingern bis fünf zu rechnen. Doch wie er mich dann plötzlich mitten in der Lektion mahnend unterbrach: »Frau Simmen, es ist

Zeit, den Kuchen aus dem Backofen zu nehmen!« – da war sein Gedächtnis dem meinen überlegen. Das paßt nun ganz ins Bild, das mir die Mutter vom erwachsenen Burschen entwirft, wie gewissenhaft er sei und welche Hilfe er ihr im Haushalt bedeute.

Nach dieser Begegnung begrüßt mich eine andere Frau. Vor vielen Jahren hat sie bei einem Flugzeugabsturz zwei Familienangehörige verloren: die jung verheiratete Schwiegertochter und den Mann ihrer eigenen Tochter. Er hinterließ zwei Kleinkinder, dazu noch ein ungeborenes. Wieder wird mir Vergangenes lebendig, als wäre es gestern gewesen. Ich sehe mich am Grab Susans stehen, der lieblichen Irländerin. Als Verlobte eines Schweizers war sie in den Haushalt meiner Tochter gekommen, um hier »swiss way of life« kennenzulernen. Wir alle freundeten uns mit dem feinen jungen Mädchen an und blieben auch nach der Heirat herzlich mit ihr verbunden. Mit dem tragischen Unglück brach für den Gatten Susans ein junges Eheglück zusammen. Wir bangten auch um das Schicksal seiner Schwester und der vaterlosen Kinderchen. Doch hat sich dank des Zusammenhalts der Familie das Leben wieder behauptet. Ergriffen vernahm ich jetzt von der Frau, die meine Lesung besuchte, wie inzwischen Versöhnliches aus den grausamen Verlusten gewachsen war.

Noch ganz benommen signiere ich weiter Bücher. Zuletzt eines, das mir eine gut bekannte, jüngere Frau vorlegt. Ich weiß von Lasten, die sie zu tragen hat, fast zu schwere für das zarte Wesen. Wie ein dem Wald entronnenes Wildkind, in eine fremde Welt versetzt, kommt sie mir im Mantel ihres dichten schwarzen Haares vor.

Alle diese Begegnungen müßte ich jetzt mit mir heimtragen und still verarbeiten können. Doch da bricht ein letzter Eindruck, diesmal ganz anderer Art, über mich herein. Ich habe mich bereits von allen Seiten verabschiedet, als hinter mir das grelle Lachen einer Frau die besinnliche Stimmung des Abends jäh zerstört. Und nicht nur mir. Auch meine Begleiterinnen haben den zynischen Nachhall vernommen. Die eine spricht ein hartes Wort aus, die andere schüttelt angewidert den Kopf. Das Lachen galt nicht mir – gewiß nicht – war wohl ein Spannung lösendes. Nur, zum Abschluß so überlaut und hemmungslos, tut es mir etwas an, hallt noch lange nach.

Ach, ich müßte es doch wissen: Das still Besinnliche und das laute Gewöhnliche gehören zum Menschlichen, sind nicht so leicht zu trennen. Nur so nahe aufeinander kann das Laute das Leise erschrecken und beleidigen.

Wie ein einziger Tag mit einem umgehen kann – so unberechenbar mit Streicheln und Verwöhnen neben Püffen und Verletzungen: Im psychisch nicht mehr so belastbaren Alter gebricht es mir oft an

Spannkraft, es gelassen auszuhalten. Am Ende dieses Tages muß ich mich wieder einmal ernstlich ermahnen: »Du solltest dich allmählich an solche Wechselhaftigkeit gewöhnen! Du willst doch dem vollen Leben noch standhalten!«

Einbürgerungsfest

An diesem Sonnabend geben Freunde von mir anläßlich ihrer Einbürgerung als Schweizer ein Fest – ein Dankfest. Die Eingeladenen sind zur Hälfte ihre ungarischen Landsleute, zur andern Schweizer, denen sie sich verbunden fühlen.

Hoch oben auf dem Waldhügel über der Stadt trifft man sich. Dort hat vor mehr als hundert Jahren die englische Königin Viktoria ihren Feriensitz aufgeschlagen. Königliche Hoheiten wissen, wo die schönsten Plätze der Welt anzutreffen sind. Der Gütsch ist einer unter ihnen.

Vom Hotel aus überblickt man das Herzstück unserer Stadt. An diesem dunklen Märzabend ist es von Lichtern übergossen. Man sieht die Reuss glitzern. Die Museggtürme darüber schimmern blaß im Schein künstlicher Beleuchtung. Am Himmel steht eine fahle Mondsichel.

Die Gäste haben während der gegenseitigen Begrüßung kaum Zeit, dieses stille Nachtbild wahrzunehmen. Statt dessen entzückte Ausrufe über die von Freundeshand angefertigte Tafeldekoration. In kleine Fläschchen sind Wachslichter gepreßt und leuchten unter pergamentenen, mit Schweizer- und Luzernerwappen bemalten Lampenschirmchen. Bewundert wird auch der Blumenschmuck in der Tafelmitte.

Man schüttelt Hände, nippt an seinem Aperitiv, tauscht höfliche, dem Anlaß angemessene Worte, wie sie einem gerade in den Sinn kommen. Mir fallen die gutaussehenden, großgewachsenen Leute auf. Wenn sie sich beim Sprechen zu mir herunterneigen, erscheinen sie mir gerade noch einmal so groß wie ich.

Man hat mir als der Ältesten den Ehrenplatz an der Seite der Gastgeberin zugewiesen. Sie ist seit vielen Jahren eng mit mir befreundet und nun auch meine Kompatriotin geworden. Unter all den schönen anwesenden Damen ist sie vielleicht die vornehmste Erscheinung.

Das Fest nimmt seinen Gang. Ein erlesenes Mahl sorgt für angeregte Stimmung. Die Kenner, die sie alle außer mir sind, loben den Wein, kosten ihn nach dem feinen Gläserklingen genüßlich auf der Zunge.

Nach dem Hauptgang des Menüs melden sich die ersten Festredner. Es sind keine Gemeinplätze, die da verlautet werden, der außergewöhnliche Anlaß – Einbürgerungsfest in privatem Kreis – schützt davor. Man läßt sich etwas einfallen, auch Nachempfindung verlauten. Man beschönigt nicht das Eingreifende am Ereignis einer Einbürgerung.

Unter den gehaltvollen Ansprachen fällt dann das Wort von Gottfried Keller aus dem ›Fähnlein der sieben Aufrechten‹: *Achte jedes Menschen Vaterland, aber das deinige liebe!*

Mich macht es fast verlegen vor meinen Freunden. Wo sollen sie nun die Liebe zuteilen, wo die Achtung? Welches ist jetzt das Land, das sie das ihre nennen können? Sind sie nicht tief verwurzelt im natürlichen ihres Herkommens, in seiner Sprache und Kultur? Ich weiß von ihrer traurigen Liebe zum Land, das sie hinter sich gelassen haben, aber auch, wie gut und dankbar sie dem neuen sind. Verdient es nicht ebenfalls Liebe oder soll es sich mit Achtung begnügen?

Ich erschrecke ob einer sinnverwirrenden Grenze, die in ein unüberschreitbares Niemandsland führt. So sanft versöhnlich heute abend Worte klingen mögen, mir scheint dabei etwas Unlösbares mitzuraunen: Vaterland – Liebe – Treue … Was soll ich meinen Freunden sagen? Ich nehme meinen ganzen Mut zusammen, den Wunsch auszusprechen:

»Sollte sich euer natürliches Herkommensland wieder einmal ganz der Freiheit öffnen, die ihr bei uns gesucht habt, dann wäre es schön, wenn ihr sagen könntet: ›Hier wollen wir bleiben – hier sind wir daheim.‹«

Das Fest geht weiter. Dem besinnlichen Teil folgt nun der feuchtfröhliche. Die Ansprachen sind weniger ausgewogen, werden launiger, spitzen sich ins Witzige und Witzig-sein-Sollende zu. Gegen Mitternacht beginnen die Schweizer zu singen – Volkslieder zunächst. Aus weinseliger Stimmung klingen sie unrein, blechern, bald grölend. *Vo Lozärn gäge Wäggis zue* jodelt gar einer.

Warum gehen mir die Melodien und die Worte nicht zu Herzen? Nicht einmal ob dem sinnigen *S Vreneli abem Guggisbärg*? Traue ich den abgeschliffenen Gefühlen nicht? Woher sind sie aufgebracht zu dieser späten Stunde? Sind es gutgemeinte Annäherungsversuche? Oder macht sich jetzt der feuchtfröhliche schweizerische Geselligkeitstrieb bemerkbar? Eine Untugend, womit allerdings nicht nur die Schweizer behaftet sind. Er reißt mir empfindlich am Nerv – nur mir allein, weil ich nicht mehr jung bin?

Ich verlege mich aufs Beobachten. Der ungarische Teil der Gesellschaft hält sich sichtlich zurück, ohne Spielverderber zu sein. Die meisten machen mit beim jetzt einsetzenden Schunkeln, im Sitzen wiegt man sich singend Arm in Arm. Sie lassen sich schließlich auch zum Singen ihrer ungarischen Lieder animieren. Sie klingen anders, werden fast scheu preisgegeben, als wollten sie Gefühle verbergen…

Eine Gruppe von Schweizern und Ungarn sind indessen am Tafelende in ernste Gespräche vertieft. Jemand verrät mir ein schweres Leid. Ich aber bin nur noch müde, und etwas in mir trauert. Ich bin plötzlich nicht mehr Schweizerin, fühle mich den neu eingebürgerten Freunden, den stillen Ungarn, mehr zugehörig.

Immer wieder ist es das Stille und das Laute, das sich begegnet. Das Laute gehört dem Augenblick – das Stille trägt weiter.

Wieder einmal Selbstbesinnung

Als Kind wurde ich oft vom Ereignis des Todes berührt. Das machte mich zum nachdenklichen Kind, und das nachdenkliche Kind wurde zum fragenden Kind. Zum Glück war ihm Fragen nicht verboten.

Ich sah und erlebte um mich her immer wieder Dinge, die mich bestürzten und traurig machten. In meiner Kindheit begegnete man Armut, Not und Krankheit auf allen Wegen viel augenfälliger als heute – nicht im Fernsehen, sondern greifbar lebendig. Auf der Holzbrücke bettelten Elendsgestalten demütig um Almosen. An der Wohnungstür läutete einer, aus dessen zerrissenen Schuhen halberfrorene Zehen herausguckten. Auf der Straße ging ein altes Weiblein so gekrümmt, daß Oberkörper und Beine einen rechten Winkel bildeten. Ging man am Schlachthaus an der Reuss vorbei, hörte man das Vieh in Todesnot schreien. Solches und anderes hörte und sah ich als Kind mit tiefem Erschrecken.

Man erzählte mir aber auch von Gott, dem Allwissenden und Allmächtigen, und mein Kinderverstand vermaß sich, ihn in seiner Eigenschaft als Allwissenden, Allmächtigen und Gütigen zur Rechenschaft zu ziehen. Da fragte ich wohl nach dem Abendgebet: »Ist der liebe Gott eigentlich ein lieber? Aber warum hat er denn …« – und ich zählte auf, was ich mit der Liebe Gottes nicht vereinbar fand. Auf den beruhigenden Zuspruch wußte ich nur zu antworten: »Ich verstehe es einfach nicht! Ich verstehe es überhaupt nicht!« Das war meine Rede, wenn Bedrängendes auf mich fiel. Dann war ich wieder ein heiteres, lebensvolles Kind.

Hatte jedoch der Pfarrer am Sonntag von der Hölle und vom Jüngsten Gericht gepredigt und vom Verrat des Judas, dann kam ich heim und fragte den Großvater: »Warum hat der liebe Gott, wo er doch allmächtig ist und alles geschaffen hat, den Judas als Verräter auf die Welt kommen lassen?«

Der Großvater lachte, nannte mich »dumme kleine Krähe« und sagte: »Ein Narr kann mehr fragen, als alle Weisen beantworten.«

Und er erklärte mir die Sache mit dem freien Willen, den der liebe Gott über die Menschen verhängt hatte und worüber ich gar nicht klug wurde. In der Religionsstunde, die ich als den geeigneten Ort für meine brennenden Fragen ansah, wollte ich Aufklärung darüber, ob denn einer im Himmel selig werden könne, wenn Vater oder Mutter oder sonstjemand, der ihm auf Erden lieb war, zu Fegfeuer oder Hölle verdammt seien. Darauf gab mir der gütige Religionslehrer zur Antwort: »Gottes Barmherzigkeit ist unbegrenzt, mein Kind!«

Nun verstand ich überhaupt nichts mehr, und diesen widerspruchsvollen, unberechenbaren Gott fürchtete ich mehr, als daß ich ihn liebte.

In meinen ersten Schuljahren habe ich nur kinderfreundliche Lehrerinnen erlebt. Im fünften jedoch wurde ich einer bösen, nervösen und ungerechten zugeteilt. Wie die Person schlechtere Schülerinnen, besonders arme, plagte, welche von Haus aus keine Förderung erfuhren! Täglich stellte sie sie bloß und machte ihnen die Schule zur Qual, während sie bei Schülerinnen aus Familien von Rang und Namen Nachsicht übte und einen schmeichelnden Ton anschlug. Empörte ich mich zu Hause über diese Lehrerin, meinte der Großvater: »Lehrer und Lehrerinnen sind halt auch fehlbare Menschen!«, und er wußte von seinen eigenen Schulmeistern noch Schlimmeres zu berichten. Meine gute Tante jedoch schwieg verlegen und verbarg, wie ich wohl merkte, ihre Gedanken, denn die betreffende Lehrerin war eine Kollegin von ihr.

Kam ich manchmal aufgeregt vom Spielplatz und berichtete, wie die stärkeren Buben an den schwächeren und auch den Mädchen ihren Mutwillen ausgelassen hatten, dann tröstete mich der Großvater: »Die werden sich auch noch wehren lernen!«

Je mehr ich erfuhr, desto weniger verstand ich, und über dem allem waltete ein ferner, unbegreiflicher Gott! Hatte er gar seinen Spaß daran?

So wuchs ich auf, wurde älter und, wie man sagt, klüger. Das heißt: Ich lernte das Leben und die Menschen gründlicher kennen in ihrem Verhalten zu Geld und Besitz, zur Wahrheit und Redlichkeit und zur sogenannten Liebe. Das Wort »Ich verstehe es einfach nicht!« kam mir kaum mehr über die Lippen. Anvertraut habe ich es höchstens den Nächsten und Liebsten. Und selbst von ihnen, die mich verstanden und es gut mit mir meinten, erhielt ich oft die gemeinplätzige Antwort: »Du bist halt eine Weltverbessererin!« Ich studierte auch ein wenig Geschichte, und sie mutete mich an wie böse Träume der Völker. Ihre Wirklichkeit erlebte ich an zwei Weltkriegen. Immer wieder haben sich die Menschen das Versprechen gegeben: »Nie wieder

Krieg!«, und ich erfuhr ihre Ohnmacht, Wort zu halten.

So fragte ich immer weniger, hielt mich still, lernte die Wirklichkeit – ich meine das Wirkende – hinnehmen, lebte, als gebe es ein Verstehen, wenigstens ein vordergründiges, und liebte trotz allem das Leben.

Indessen bin ich alt geworden und stelle mir die Frage: »Bist du abgeklärt, wie man es vom Alter erwartet? Oder habe ich resigniert und das Fragen verlernt?«

Da sitze ich eines Tages am Bildschirm, verfolge die Versprechungen der Genfer Gipfel-Konferenz, höre mir die Reden und Kommentare an, das Wort vom gesunden Menschenverstand und alle die hilflos zelebrierten Meinungen. Die ganze Weltpolitik kommt mir vor wie Bubenspiele.

Und plötzlich ficht es mich wieder an, leidenschaftlich wie damals, mein Kinderwort: »Ich verstehe überhaupt nichts mehr!« – Bin ich denn nicht weitergekommen? Und in meinem Grübeln höre ich wieder meinen Großvater: »Ein Narr kann mehr fragen, als alle Weisen beantworten!«

Er hatte recht, denn es gibt bessere Möglichkeiten, das Leben lebenswert zu erhalten, als Fragen und eigensinniges Verstehenwollen. Zu viel Fragen kann vielleicht daran hindern, solche zu entdecken.

Ein Hilferuf

Mein 19jähriger Enkel Christian fragt mich, seine 86jährige Großmutter, ob sie ihm ein vorläufiges Obdach bieten könne. Sie bewohnt ein geräumiges Haus und war ihm stets gut. In den letzten Jahren hat er sich nicht viel um sie gekümmert, sie höchstens aufgesucht, um ein Geschenk in Empfang zu nehmen – am Geburtstag und an Weihnachten. Jetzt machen ihm Ablösungsprobleme von der Mutter zu schaffen. Das Verhältnis sei für ihn unerträglich geworden, klagt er.

In seiner auf Umwegen mühsam erkämpften Lehrstelle fühle er sich wohl, aber die ständigen Szenen mit der Mutter rieben ihn auf und wirkten sich störend auf seine Leistung aus. Er brauche zum Lernen für die Schule Ruhe, nicht dauernd Zank und Auseinandersetzungen. Die Umsiedlung würde von der Mutter nicht beanstandet, fügt er vorsichtig hinzu.

Die Anfrage meines Enkels bestürzt mich nicht wenig. Ich bedenke mein Alter und meine angegriffene Gesundheit. Bin ich noch fähig, eine solche Aufgabe auf mich zu nehmen?

Ich verhehle Christian mein Zaudern nicht, der es jedoch beschwichtigt und verspricht, Rücksicht zu nehmen und mir auch behilflich zu sein. Ich erbitte mir Bedenkzeit und verbringe schlaflose Nächte. Um Rat will ich niemand fragen, die Entscheidung ist allein meine Sache. Plötzlich regt sich etwas Untergründiges in mir, bricht Fragen auf:

»Hast du als Großmutter nicht auch Verantwortung übernommen, indem du mithalfst, Nachkommenschaft ins Leben zu rufen? Du hast den Stein ins Wasser geworfen, die Wellen kreisen lange und weit, bis sie verebben. Da du dich dieser Verantwortung bewußt bist, mußt du dem Ruf folgen.«

Du weißt, dieser Enkel hatte es nie leicht. Von Geburt an wurde er ordentlich gebeutelt. Eine überzarte Gesundheit legte ihm schon früh Leiden auf und forderte den ihn Betreuenden Sorgfalt und Geduld ab. Wie ich es überblicke, hat es oft daran gemangelt. Nie hat sich das Kind gegen seine Krankheitszustände ungebärdig aufgelehnt. Ich vergesse nicht, wie tapfer er in der Hilflosigkeit des Asthmas standgehalten hat.

Das alles geht mir durch den Kopf und wühlt Gefühle auf. Darf es ihm angerechnet werden, daß er als Heranwachsender Absichten, Erwartungen, Hoffnungen seiner Erzieher jäh zerstörte? Und soll er jetzt, wo er sich so gut gefangen hat und sich einem seinen Neigungen und Begabungen angepaßten Berufsziel mit Ausdauer widmet, neuen Störungen ausgesetzt sein? Meine innere Stimme ist nicht zum Schweigen zu bringen:

»Du liebtest deinen Enkel immer so sehr, liebst ihn immer noch, auch wenn er sich dir entfremdet hat. Sind Liebe und Verantwortung nicht eins? Ist Liebe als müßiges Fühlen nicht verdächtig, ist sie nicht Aufforderung zur Tat?«

Dann wieder eine mahnende Gegenstimme:

»Du darfst auch das, was dich selber betrifft, nicht unbedacht lassen! Dein hohes Alter, die verminderte Vitalität und die nun seit Jahren eingespielte Lebensweise im Alleingang. Wirst du die Muße zum Schreiben noch finden, das dir zum Bedürfnis geworden ist – diese tägliche Übung, die allein dich immer wieder von dir selbst wegzuführen vermag? Dein Wunderbalsam gegen alle Verletzungen, Wunden, Kränkungen! Entgleitet dir die klare Beurteilung deiner Möglichkeiten? Willst du nicht wahrhaben, daß du alt und gebrechlich geworden bist? Oder bedrängt dich bloß das anerzogene Gewissen? Ist denn dem Wissen des Gewissens zu trauen? Oder geistert gar der Opferdrang in dir – als Relikt christlicher Erziehung? Wieder verwerfe ich das Bedachte. Nein, du möchtest aus innerstem Antrieb – in diesem einen konkreten Fall – einem deiner Allernächsten helfen, damit er nicht in dieser spannungsgeladenen Welt zerrieben wird.«

Ich lasse noch ein paar Tage vergehen, bis ich es ganz sicher weiß: »Ich wag's! Auch wenn der Versuch mißlingen sollte, ich wag' ihn einfach!«

Christian will nicht im Gastzimmer wohnen, er zieht die große Mansarde, wo er mehr für sich sein wird, vor. Vor dem Einzug muß sie hergerichtet werden. Seit vielen Jahren verstauben hier weit über tausend Bücher, Zeitschriften, Manuskripte, Musikalien. Meinem Mann haben seinerzeit Krankheit und Tod die ordnende Hand gelähmt. So ist es bei diesem Chaos geblieben, höchstens daß ihm noch neue Bücherweisheit unserer kurzlebigen Zeit zugeführt wurde.

Tag und Nacht vor dem Einzug wird der spinnweben-verschlafene Raum gelüftet und ausgemistet. Zu viert putzen, schrubben und staubsaugen sie, schaffen Möbel weg, wechseln sie gegen andere aus. Der Enkel selbst ist mit seiner jungen Freundin im Einsatz, aber auch sein Vater und dessen Gefährtin. Nur ich kann dabei nicht mehr mittun.

Die Ausgeschaltete verfolgt in ihrem Schlafzimmer die Poltergeräusche zu nachtschlafender Zeit, hofft, sie stören keine Nachbarn. Zuerst denkt sie noch sorgenvoll: Wie wird das enden? Dann aber kommt ihr der Lärm auf einmal als lebensvolles Geschehen vor. Die Geräusche über ihrem Kopf wecken ihre Zuversicht. Wie eifrig und vereint sie am Werk sind! Wie selbstverständlich der Vater für seinen Sohn die karge Freizeit opfert! Und wie einig sie sich in die Hände schaffen! Das Trampeln,

Schieben, Rumpeln über ihr bedeutet ihr frohe Bestätigung: Der Entschluß war richtig!

Nach einigen Tagen ist das Gemach eingerichtet. Hier soll das junge Pärchen eine Zuflucht haben, sich heimisch fühlen, bis es eine eigene, seinem geringen Einkommen und seinen Ansprüchen angemessene Wohnung finden wird.

Vernunft und Herz im Streit

Mit meinen hochgemuten Absichten habe ich mich nun den Realitäten des Alltags zu stellen. Es geht im Zusammenleben von Jung und Alt zunächst erstaunlich gut.

Wenn ich am Morgen früh in die Küche komme, brodelt es bereits in der Kaffeemaschine. Gesprächig ist er nicht gerade, aber pünktlich bricht der Lehrling zur Arbeit auf.

Mittags kehrt er zu einem, meist von mir zubereiteten Kurzmahl heim. Er weiß das zu schätzen, denn er mag die Mensa nicht. Am Feierabend ist er zur angekündigten Stunde wieder da und löffelt seinen Joghurt. Abends kocht er dann selbst und ißt tüchtig. Ich kann nicht mithalten, denn mein Altersspeisezettel ist anders zusammengesetzt. Seine Steaks oder Koteletts mit Teigwaren bekämen mir auf die Nacht hin nicht gut. Ich merke wohl, unser Zusammenleben wird Doppelspurigkeit nicht vermeiden lassen. Das bekomme ich besonders am Wochenende zu spüren, das die jungen Leute ganz nach ihren Bedürfnissen gestalten. Bald zeichnet sich so etwas wie ein Untermieterverhältnis ab. Es geht ungefähr zu wie in einem Ferienhaus, wo zufällig zusammengewürfelte Leute aneinander vorbeiwirtschaften.

Die Jungen haben einen ganz anderen Tagesrhythmus als ich. Oft hören sie bis spät in die Nacht hinein Musik – ihre Musik. Zwar dämpfen sie die stampfenden Taktschläge rücksichtsvoll durch eine Schaumgummiunterlage, aber das unablässige Pochen dringt doch bis zu mir und hindert mich am Einschlafen. Es vermischt sich mit meinem lauten Herzschlag. Häufig gesellen sich ihnen Freunde zu, und das Musikfest zieht sich in die Länge.

Dann steigt es bitter in mir auf, daß ich nie ein gutes Wort höre. Ich würde es ihnen hoch anrechnen, wenn sie die Lahmende einmal in ihrem Auto an die Sonne führten, aber das fällt ihnen einfach nicht ein. So sitze ich, wenn an den Sonn- und Feiertagen alles ins Freie strömt, eingesperrt und alleingelassen zu Hause.

Bin ich nur noch gut, um anderer Bedürfnisse zu stillen? Zu den eigenen habe ich zu schweigen. An einem Gedanken fange ich mich wieder: Ist es nicht besser, geben zu dürfen, als nehmen zu müssen? Hat die Bibel recht, oder denkt eine Psychologin wie Margarethe Mitscherlich realistischer? Sie hält in ihrem Buch die Frauen an, nicht mehr so friedfertig, vielmehr wehrhafter zu sein. Falsche Erziehung und männliche Unterdrückung hätten die Frauen zur Untertänigkeit gezwungen. Spontan möchte ich ihr zustimmen, doch überdenke ich die Behauptung und frage mich: Bin ich untertänig in der Beziehung zu meinem Enkel? Will ich es sein? Sicher nicht! Untertänigkeit lag mir nie. Und plötzlich fröstelt mich vor den Theorien der Frau Mitscherlich, so klug und verführerisch sie sein mögen. Im weiter gespannten Bereich politischer und sozialer Aufgaben soll die Frau, sobald sie ihre Mutterpflicht erfüllt hat, Befriedigung finden und ihre weiblichen Kräfte in den Dienst einer friedlicheren Welt stellen. Verlockende Utopie einer friedfertigeren Welt? Wer aber gibt sich noch an Einzelwesen hin? Hat dies denn keiner mehr nötig? Warum leiden dann aber so viele Menschen, alte und junge, an unseren kalten Wohlfahrtsbemühungen? Ihre Klagen verhallen, und schweigend trauern die Alleingelassenen.

Ich kann nicht fremden Rat bemühen, ich muß selbst entscheiden; sogar auf die Gefahr hin, daß ich irre, handle ich so, wie es mir eingegeben ist. Bin ich nicht ein Leben lang den Zwängen ausgewichen und gelang es mir nicht immer wieder, sie zu umgehen? Und jetzt dieser doch recht unziemliche Druck auf meine gewohnte Lebensführung! Wie soll mein Eigenwille damit fertig werden? Wie bewältige ich die Lage mit Vernunft und Herz zugleich? Eine schwierige Kunst.

Langsam schleicht sich bei mir die Erkenntnis ein, daß ich die Tragweite meiner Belastungskraft doch nicht richtig eingeschätzt hatte. Guter Wille genügt nicht, diesem natürlichen Gefälle von Alt zu Jung standzuhalten. Ein Wasserfall steigt nie aufwärts. Wohl empfange ich gelegentlich Hilfeleistungen, besonders von der vernünftigen jungen Freundin. Der Junge erledigt kleinere Reparaturen, wofür ich dankbar bin. Entspringen sie nur der Zweckmäßigkeit in seiner von mir abhängigen Lage? Und wenn? Das solltest du doch verstehen! Bist du schon vom Altersübel des Mißtrauens angerührt? Ach was, es ist einfach deine Einfalt! Du sehnst dich nach etwas so Unbilligem, Unerhörten wie den Zeichen von Zuneigung, nach einer Spur menschlicher Wärme. Es muß auch an dir liegen, an deinem Anderssein. Gibt es nicht Gewächse, die einander auf gleichem Boden am Gedeihen hindern?

Ein gebrochener Fuß und seine Folgen

Bisher ging Christian gewissenhaft seiner Arbeit nach. Ich bot ihm dabei die nötige Hilfe, stand auch seiner jungen Liebe nicht im Weg. Da kommt aus dem Hinterhalt die Störung. Das Gesetz des Lebens verwandelt Zustände unablässig in neue Spannungen.

Christian ist das schwere Motorrad, sein kostbarster Besitz, beim Parken auf den Fuß gefallen und hat ihm einen Knochen gebrochen. Erst humpelt er noch herum, redet sich und mir ein, es sei nur eine Verstauchung. Am Sonnabend hat er plötzlich unerträgliche Schmerzen, kann sich nicht mehr auf den Fuß stützen. Seine Freundin fährt ihn zu später Stunde zur Notfallstation des Krankenhauses. Nach Mitternacht kehrt ein Eingegipster zurück, für Wochen arbeitsunfähig erklärt.

Jetzt erfahre ich am konkreten Fall, was für junge Leute geregelte Arbeit bedeutet. Der Bursche ist wie ausgewechselt. Er verschläft den ganzen Morgen, der Rest des Tages ist ausgefüllt mit Kontrollgängen zum Arzt oder den Obliegenheiten der Unfallversicherung. Seine Freundin hat Ferien und fährt ihn im Auto überall hin. Aber schon nach wenigen Tagen riskiert er es, mit seinem Gipsbein Motorrad zu fahren.

Im Keller schlägt er jetzt eine Werkstatt auf. Sein liebevoll gehegtes Motorrad steht alsbald im Schnittpunkt unserer Beziehung. Nicht zuletzt diesem Vehikel ist es zuzuschreiben, daß sich der Unterschied zwischen den zeithörigen jungen Leuten und einer alten Frau verschärft. Enkel und Freundin spüren ihn ebenfalls. Am Boden kauernd zerlegt Christian sein altes Motorrad in seine Bestandteile und setzt es geschickt wieder zusammen. Er will es zum Verkauf herrichten, hantiert mit Farbe und Lack, um es auf Hochglanz zu bringen. Der Boden des Heizraums ist mit Werkzeug und Farbtöpfen überladen, meine Wäscheleine nicht mehr zugänglich. Der Anblick macht mich besorgt, doch sehe ich in seiner Lage die Beschäftigung als sinnvoll an.

Ich bin darin einbezogen, indem ich dem Invaliden zudiene, Lumpen herbeischaffe, nach dem Salmiakgeist, dem Englischen Schlüssel und anderem Zubehör suche. Schwierige Tage für mich, zumal mir physische Beschwerden zu schaffen machen. Mein Leib ist plötzlich aufgeschwollen wie bei einer Schwangeren, dazu nicht genau zu lokalisierende Schmerzen. Ich besinne mich auf den längst fälligen Kontrollgang zum Arzt. Dort wird mir ein Ultraschalltest verordnet. Diese neue technisch-medizinische Errungenschaft ist mir noch unbekannt. Wie ich mich ihr unterziehe, erweist sie sich weder als schmerzhaft noch peinlich. Nur ist wieder ein halber Tag aufgebraucht. Ich lebe im Wettlauf mit der Zeit, ach nein, ich humple ihr nach. Zu Hause empfängt mich ein Anruf, ein vorgesehener Radio-Sketch, den ich ganz vergessen habe, sei sofort abzusenden. Ich muß ihn in der Nacht ausarbeiten.

Mein Haar und noch dringender meine Füße benötigen der Pflege, wiederum Zeitaufwand für Friseur und Pediküre. Ich brauche zudem neue Schuhe für meine jetzt oft aufgeschwollenen Füße. Die notwendigen Gänge verbinde ich mit Einkäufen für den Haushalt, stehe mühsam Schlange an verschiedenen Kassen. In den Schaufenstern spiegelt sich die Gestalt einer gebückten Alten, die so aussieht, wie ich hoffte, nie aussehen zu müssen. Selbst mit Hilfe des Stocks wackle ich unsicher auf meinen knochenschwachen Füßen.

Mitten in mein Nicht-mehr-ein-und-aus-Wissen vor Zeitmangel meldet sich meine Stundenfrau zur Frühlings-Vorhangwäsche. Sie hat eine schwere Operation hinter sich und ist nur selten abkömmlich. Ich darf sie nicht durch die Bitte um Aufschub verärgern. Mir ginge es jetzt nicht in erster Linie um saubere Vorhänge und Fensterscheiben, aber meine Perfekte ist um meinen nachbarlichen Ruf besorgt. »Wenn *Sie* es nicht sehen, man sieht die schmutzigen Scheiben von außen!« bemerkt sie vorwurfsvoll.

Die Tüchtige schafft dann auch wie toll. Während die Vorhänge in der Waschmaschine baden, bringt sie es noch fertig, die Küche zu putzen. Dabei schilt sie über meinen gedankenlosen Gast, der derart von meiner Behausung Beschlag genommen habe, überall Unordnung mache und auf dem neuen Spannteppich kaum mehr zu reinigende Flecken hinterlassen habe. Sie ist keine von denen, die um Anerkennung der Nachgeborenen buhlt – eigene Kinder oder Enkel hat sie nicht –, sie sagt ihnen ihre Meinung geradeheraus. Und nicht nur darin ist sie bewundernswert. Keiner geht mit den Pflanzen so geschickt um wie sie und macht die kränkelnden wieder gesund. Niemand weiß bei meinen haushälterischen Verlegenheiten so gut Rat.

Die Großgewachsene reicht mit ihren langen Armen überall hin, während ich, die immer mehr Schrumpfende, mich nirgends mehr in die Höhe recken oder in die Tiefe greifen kann. Nur handlangernd kann ich ihr zudienen, nach dem Hirschleder oder dem Schraubenzieher suchen. Schon mittags wehen die Vorhänge wie Brautschleier an den Fenstern. Es duftet nach Sauberkeit, als wäre dem Staub für immer der Garaus gemacht.

Nach der Ablenkung durch die Putzorgie macht sich wieder mein gesundheitliches Unbehagen bemerkbar. Was wird das Resultat des Ultraschalltests an den Tag bringen? Am Ende Krebs? Bekommt dieses schreckliche Übel nicht jeden in den Griff, wenn er nur alt genug wird? Ich denke an die früher wintergelagerten Äpfel im Keller. Gegen den Frühling hin verfielen sie alle der Fäulnis bis auf wenige ganz Zusammengeschrumpfelte. Sollte ich so ein verschontes Exemplar sein? In der Nacht, während mich von oben die lauten Rhythmen wach halten, lese ich ein Buch der soeben verstorbenen

Simone de Beauvoir über den Krebstod ihrer Mutter. Daß es mir gerade jetzt in die Hände geraten mußte!

Altersdemut?

Auf die Dauer lasse ich mich nicht schwächen von pessimistischen Anfällen. Freundliche Erlebnisse lichten meine Stimmung immer wieder und lassen mich Sorgen und Nöte vergessen.

Zuweilen treffe ich mich mit einer viel jüngeren Frau in einer gepflegten Gaststätte. Über die kleinen Tische ist pastellfarbenes Leinen gebreitet, und die Gedecke sind aus feinem Porzellan. Keine »Konservenmusik« stört im festlichen Raum unsere Unterhaltung. Man sitzt nicht eng gedrängt. Die Gäste um uns herum sprechen mit gedämpften Stimmen miteinander, so daß ich gut höre, was meine Nachbarin berichtet. Sie ist eine lebenskluge Frau ohne Vorurteile, eine, die, wo sie liebt, nicht viel fordert, und verzeihen kann, wo es zu verzeihen gilt. Ihre Person saugt mich ganz auf, so daß ich vergesse, an meine geplagte eigene zu denken.

Dann wieder holen mich an einem düsteren Sonntag Freunde zu sich. Die Hausfrau hat ein erlesenes Mahl bereitet, das sogar meinen kränkelnden Appetit zum Essen anregt. Im Gespräch überläßt sie das Wort meist den Gästen und lenkt es doch mit wenigen Bemerkungen, mit denen sie ein Thema zusammenhält oder es neu belebt.

An diesem nebligen Tag hat sie nach Tisch den glücklichen Einfall, mich einem Murmelbächlein entlang spazieren zu führen, eine volle Stunde lang, bis hinunter zum See. Das Gespräch versiegt auch beim Gehen nicht. Ich bin gesättigt von frischer Luft und bei jedem Schritt spürbarer verbunden mit Freunden.

Abends bringt mich der Gastgeber zurück. Zuerst friere ich ein wenig, als ob es keine Heimkehr wäre. Das Haus ist leer, das junge Paar ausgeflogen. Ich vermisse es nicht. Nach Mitternacht wecken mich von oben die Rhythmen. Diesmal kann ich mich nicht zurückhalten, durchs Treppenhaus aufzubegehren. Es wird augenblicklich still, aber ich bin unzufrieden mit mir. Ich habe ihre Freude gestört.

Nach Tagen endlich der Besuch beim Arzt mit der aufklärenden Diagnose des Ultraschalltests. Nichts von Krebs! Als konkrete Hilfe für die alterskranken Knochen trage ich ein Rezept mit einem leider heimtückischen Heilmittel zum Apotheker. Ich werde es gehorsam schlucken und auf Besserung hoffen.

Des Enkels Fuß ist inzwischen so weit geheilt, daß er halbtags im Büro des Betriebs arbeiten darf. Das wirkt sich positiv aus. Erst vor den anfallenden

Feiertagen trübt sich das häusliche Verhältnis wieder.

Ich möchte mit Christian vorsorglich seine Pläne für die Pfingsttage besprechen; die nötigen Einkäufe für ein Festtagsmahl sollten überlegt werden, für den Fall, daß das Paar zu Hause bliebe. Ich glaubte, die beste Gelegenheit zu ergreifen, als er abends nach der Schule beim Nachtessen sitzt. Doch der Zeitpunkt ist schlecht gewählt.

»Laß mich in Ruh damit!« herrscht er mich an. »Ich habe einen anstrengenden Tag hinter mir! Zwei schriftliche Prüfungen! Ich brauche jetzt Entspannung und will von nichts hören!«

Ein Funke von Verständnis will mich erleuchten. Ich frage vorsichtig, wann er zu einer Beratung bereit wäre. Was ich zur Antwort erhalte, ist ein zorniges »Scheiße«! Und fort ist er – zu seiner Freundin.

Ich verarbeite den wilden Freiheitsausbruch etwas mühsam; denn für mich bedeutet die Aufeinanderfolge von mehreren Feiertagen, wie der Mai sie mitbringt, ein Bündel Mehrarbeit. Meine jungen Hausgenossen hingegen preisen die gewonnene Freizeit: Ausschlafen, ausfliegen dürfen! Verständlich!

Ich habe es falsch begonnen, hätte es bedenken sollen: Auch an Pfingsten gibt es keine Gemeinschaft mit den Jungen. Ich hätte ihn den Kühlschrank selbst auffüllen lassen sollen und – falls er zu Haus geblieben wäre, um mit Freunden Musik zu hören – meine Spargel im sie nicht behindernden günstigen Moment kochen müssen. Dann wäre ich ihnen nicht in den Weg gekommen in meiner Küche. Das wäre klug gewesen.

Mein guter Wille verkrampft sich im Wunsch: Daß sie doch endlich eine eigene Wohnung fänden! Junge Leute sollten auf sich selbst gestellt sein!

Einmal sagt er schroff zu mir: »Du weißt halt nicht, was Arbeitskampf ist, sonst würdest du die Feiertage schätzen wie wir.«

Soll ich ihnen sagen, daß ich jahrelang kein entspannendes Wochenende gekannt habe. Daß es Sonntag für Sonntag Enkel zu hüten galt, damit ihre jungen Eltern sich ein wenig Freiheit gönnen durften? Nein, daran erinnert er sich nicht mehr. Ich schweige, obwohl es mir nicht leicht fällt. Fast möchte ich um Hilfe rufen. Aber wem sollte der Ruf gelten? Der Tochter, dem Sohn, den Freunden, all den vom hektischen Betrieb der Zeit selbst Bedrängten?

Oder sollte ich gar das Angebot der öffentlichen Wohlfahrt in Anspruch nehmen? Das Bild des Altersheims taucht auf. Mein Schreckbild! Dieses auf unserem ausgetrockneten Zivilisationsboden sprießende klägliche Gewächs überorganisierter Ordnung! Ich habe es bei Besuchen kennengelernt. Wo gedeiht heute noch die Pflanze spontaner Menschlichkeit? Die raren Exemplare sollten unter Naturschutz gestellt werden. Ausgerottet sind sie oder am Sterben wie der Wald!

Ach, ich weiß es wohl, daß ich in meiner Niedergeschlagenheit nur die Schatten der Wirklichkeit sehe, die Halbwahrheit oder Verzerrung der Wirklichkeit. Da niemand anderer es tut, muß ich mir ganz freundlich selbst zusprechen:

»Du hast wieder einmal die dunkle Brille auf. Leg sie ab! Bist ja selbst schuld, indem du dir starrköpfig Pflichten aufgeladen hast, die du nicht mehr zu leisten vermagst. Aus Drang zur Selbstbestätigung vielleicht oder gar aus Sentimentalität? Zieh die Konsequenzen und verlange nicht das Unmögliche! Schweigen sollst du und zugeben: Dir fehlt einfach die Altersdemut! – Wie, du magst sie nicht? Sie liegt dir nicht? Du verachtest sie? Eine erniedrigende Tugend sei sie, sagst du. Bist du am Ende hochmütig? Ist dir der Mut zu hoch angeschwollen?«

Das Selbstgespräch wird notiert; es bringt mich mit mir selbst in Frieden. Dieses eine, daß ich mich mit mir schriftlich auseinandersetze, hat mir bis jetzt nichts und niemand rauben können. Es könnte nur eintreffen, daß mein Augenlicht noch trüber und zuletzt dunkel würde; aber daran darf ich nicht denken.

Hingegen fällt mir etwas anderes ein: Sie, die Jungen, erholen sich wahrscheinlich auf ähnliche Weise wie ich bei ihren Schlagzeugrhythmen. Die bringen sie auch in Ordnung mit sich selbst. Der Gedanke kratzt mir die Verkrustung meiner Gefühle weg. Für eine Weile gelingt es mir wieder, mich über die Generationenkluft hinweg zum Verstehen durchzuringen. Ich habe es aufgeschrieben, wie es mir spontan aus Kopf, Herz und Hand floß, und ich werde es jederzeit wieder lesen können:

Siehst du denn nicht, wie wenig leicht sie es haben mit ihrer ungestillten Lebensgier? Dieses blinde Glücksverlangen bei all dem Widerwärtigen des Alltags!

In kurzem ist wieder Pollenzeit, und den Burschen wird der Heuschnupfen plagen. Er muß froh sein, wenn ihn nicht gar das Asthma quälen wird. Und die ganze dunkle Zukunft für die jungen Menschen! Die Zeichen stehen nicht gut. Werden sie überhaupt überleben in allen Gefährdungen? Und wenn – wie?

Du liebst ihn doch! Denk an sein zartes Gesicht, fast noch ein Milchgesicht, trotz des rührenden Flaums über der Oberlippe. Und wie ernst seine dunklen Augen blicken – fast zu ernst! Wohin hat sich das strahlende Lächeln auf dem großen Fotoposter, den Zehnjährigen darstellend, gestohlen?

Du möchtest wissen, wie er in zwanzig, dreißig und mehr Jahren aussehen wird? Würdest du ihn noch erkennen, wenn ihm das naturgelockte Haar nicht mehr so wild den Kopf umrahmen wird? Ich muß lächeln, wie er zwar jeden Tag duscht, das

Kämmen jedoch verschmäht. Wenigstens dem Haar will er die Freiheit lassen, zu fallen, wie es gerade will.

Du erinnerst dich, er war lange sehr klein, in der Schule immer der Kleinste. Oft war er dem Sadismus stärkerer Buben ausgesetzt. Erst spät ist er gewachsen. – Ich sehe seine edel geformten Hände. Jetzt haben sie von der harten Arbeit Schwielen. Er ist stolz darauf.

Laß ihm die paar guten Tage noch!

So habe ich es aufgeschrieben und die drei letzten Worte: *Ich will durchhalten!* dick unterstrichen.

Vielleicht wird sich ein neuer Vorsatz bewähren: Ich muß die jungen Leute in ihrer Lebensweise möglichst unbehelligt lassen. Die alte Fregatte muß mit Umsicht und Bedacht am draufgängerischen Schnellboot vorbeigesteuert werden.

Es so zu halten, macht mir eine Weile beinahe Vergnügen, und ich fühle mich dabei wunders, wer ich sei.

Es wäre auch ganz gut so weitergegangen, hätte sich die Fregatte nicht als havarierter erwiesen als erwartet. Der unberechenbare Körper kümmert sich nicht um schöne Vorsätze.

Meine Rückenschmerzen nehmen zu, bringen mich um die Nachtruhe. Der Arzt führt mir mein Röntgenbild vor. Bös sieht es aus! Etliche Wirbel meines Rückgrats bröckeln ab wie Zwiebackbrösel. Der Arzt erklärt es mir so und veranschaulicht es obendrein durch eine Zeichnung. Ich starre auf das Röntgenbild. Wenigstens beweist es, daß ich keine Simulantin bin.

Längst hat mir der Arzt verordnet, man möge mir ein hartes Brett unter die Matratze legen. Bis jetzt beließ »man« es beim Versprechen, sich darum zu bemühen, wohl in der Hoffnung, ich würde mir ein orthopädisch geeignetes Lager anschaffen und das gute, gar nicht alte Bett dem Trödler überlassen.

Unerwartet geschieht ein kleines Wunder: Die Jungen handeln. Auf der großen Terrasse sägen sie ein im Keller entdecktes Brett zurecht. Fachmännisch bearbeitet es der Enkel mit Hilfe eines Freundes. Innerhalb einer knappen Stunde ist es geschafft, das Brett untergelegt, das Sägemehl bis auf die letzten Spuren sauber aufgewischt. Ich kann die nun bequemere Bettstatt ausprobieren.

Ich weiß nicht, was mir mehr wohltut, die bessere Liege oder die Dankbarkeit für den spontanen Eifer, mit dem sie mir geholfen haben.

Gute Vorsätze erfüllen sich selten. In meinem Fall siegte das Naturgesetz der Erneuerung von Leben. Es kümmert sich nicht um Pläne. Das nachtreibende Grün saugt dem Lebensbaum die letzten Säfte ab, und das Verdorrende fällt. So sehe ich es jetzt. Mein Liebesexperiment scheiterte an nüchternen Tatsachen. Ich wollte eine Gegenmacht dazu beschwören, die ich – zaghaft – Liebe nenne. Es war zu hoch gegriffen. Ist denn das, was *ich* unter Liebe verstehen möchte, dem jungen Nachwuchs auf den naturhaften Leib geschrieben? Dem Menschen überhaupt? Kaum! Wenigstens nicht jene Art, an die meine verstorbene Freundin dachte, als ich sie kurz vor ihrem Tode fragte: »Was siehst du nun im Überblick auf das Leben als das Wesentliche an?«

Ihre Antwort klingt mir immer noch nach: »Ich glaube doch, es ist die Liebe.«

Meinte sie damit jenes klägliche bißchen Bemühen unter den Menschen, sich ein wenig Wärme zu geben? – Mir bleiben Fragen: Können die Menschen etwas dafür, daß Liebe nie rein zu halten ist und nie in geklärter Form erscheint?

Auch mir ist sie so nicht gelungen. Wie ich auch versuchte, jede berechnende Beimischung zu umgehen, immer war da ein »deshalb«, immer ein unreiner Grund im Hinterhalt.

Jetzt, im hohen Alter, wäre es an der Zeit gewesen, das Ideal zu erfüllen. Und beinahe – so glaubte ich – sollte es mir gelingen.

Doch mein Elan zerbarst wie ein gegen eine Mauer geworfener Schneeball. War es nur, weil meine geschwächte Tatkraft nicht aufkam gegen unbewußte Rücksichtslosigkeit?

Mein Experiment über die Generationen hinweg ist mißlungen. Ich habe ihm – so allein – nicht standgehalten. Es fällt mir nicht leicht, meine Niederlage einzusehen, zu bekennen, vor andern und, vor allem, vor mir selbst. Dennoch – wenn mein Liebesbemühen nun auch mit gelähmten Flügeln am garstigen Erdboden kriechen muß, ich habe doch ausgehalten, bis der Enkel mit seiner Gefährtin in eine eigene Behausung einziehen durfte. Dort sind sie nun befreit von der befremdlichen Gefühlsforderung einer alten Großmutter.

Und doch war das Experiment nicht umsonst. Das eingreifende, erfahrungsreiche Erlebnis, das mich recht unsanft mitten durch meine alten Tage geschleust hat, ich möchte es nicht missen.

Meine gefühlsmäßige Bindung an Berlin geht – wie so manches andere – auf ein Jugenderlebnis zurück. In der Klasse meiner Lehrerin-Tante befand sich ein stilles gelähmtes Mädchen. Seine Eltern waren aus Berlin zugezogen. Meine Tante nahm viel Rücksicht auf das Leiden der Schülerin. Auf dem belebten Pausenplatz führte sie es am Arm und sorgte auch immer für Begleitung auf dem Heimweg.

Noch vor Ausbruch des Ersten Weltkriegs kehrte Josefa mit ihrer Familie nach Berlin zurück. Daß mir ihre Person haftenblieb, dafür sorgten die vielen Kartengrüße, welche die dankbare Schülerin regelmäßig an meine Tante schickte. Ansichten von prunkvollen Palästen, Kirchen und den Gartenanlagen von Sanssouci vermittelten mir Vorstellungen der Großstadt Berlin. Nach 1914 trafen dann auch Fotografien der Hohenzollern-Familie ein: Von seiner kaiserlichen Hoheit mit eisernem Blick, ordengeschmückter Brust und aufgezwirbeltem Schnurrbart. Er sah nicht schlecht aus, aber die hübsche Prinzessin, Kopf an Kopf mit ihrem Verlobten, gefiel mir besser…

Einmal las ich in Josefas wie gestochener deutscher Schrift:

Wir stricken fleißig für unsere braven, im Feld

stehenden Soldaten und beten mit dem ganzen deutschen Volk für sie. Aber wir beten auch für unsere Feinde.

Ein Berliner Mädchen betete für die Feinde!

Josefas Mitteilungen wurden seltener. Im April 1916 noch eine Aufnahme von ihr und ihren beiden Schwestern, anläßlich eines Sonntagsausflugs. Sehr ernste Mädchengesichter, nur die Jüngste lächelte ein wenig. Kürzlich kam mir das Foto in die Hände. Siebzig Jahre ist es alt. Was mag aus Josefa, dem Mädchen, das für die Feinde betete, geworden sein? An der Judenstraße 27, Berlin C 2, wohnte es damals. Sollte Nomen Omen gewesen sein? Ob das Haus noch steht? Liegt es in der Ost- oder Westzone?

Als ich, schon hochbetagt, Berlin zum erstenmal in Wirklichkeit sah, kam mir die Stadt ganz bekannt vor, trotz der Verwüstungen, die der Krieg und ein grausamer Mißbrauch in ihr angerichtet hatten. Die Lebenskraft dieser Stadt war nicht umzubringen! Und nun sollte ich sie – auf eine Einladung hin – noch einmal – wahrscheinlich zum letztenmal – sehen.

Ich freute mich auf den Flug mit meiner reisegewandten, fürsorglichen Tochter. Was konnte trotz meiner Gehbehinderung schon schiefgehen? Ich freute mich auf das hübsche Zimmer, das ich von einem früheren Aufenthalt in der sympathischen Pension schon kannte. Ich sah die Jugendstil-

Fassade des Hauses vor mir, den reich verzierten Gitterlift, der uns gemächlich in die Höhe fahren würde. Dann die Mahlzeiten bei »Kranzler« und »Möring«, wo mir alles schmecken würde, schon weil mich der Name an den letzten Roman Fontanes, ›Mathilde Möring‹, erinnerte. Auf alles freute ich mich! Vor allem, daß ich vor Berlinern lesen und mit ihnen Gespräche führen durfte.

Ich war gut vorbereitet. Den Glückwunsch, den ich im Auftrag von Innerschweizer Schriftstellern bei einer offiziellen Geburtstagsfeier an die 70jährige Jubilarin und Mäzenin ausrichten sollte, hatte ich fast auswendig gelernt. Im Grunde sind mir solche Ansprachen, vielfach falsche Lügengespinste, zuwider. Keine Lobhudelei wollte ich vorbringen, den Hintergedanken der Zuhörer zuvorkommen. Schweizerisch herb hatte ich meine Ansprache ausgearbeitet. Nicht, um die Jubilarin hochzuloben, ihr aber doch gerecht zu werden für ihre nachweisbar uneigennützigen Verdienste um Schriftsteller. Wie oft hatten innerschweizerische von ihrer großzügigen Gastfreundschaft profitiert!

Auf das alles war ich freudig und zuversichtlich eingestellt, doch wieder einmal erwies sich mein Körper als Widersacher schöner Pläne. Was hatte er eigentlich mit mir vor? Wollte er mich ermahnen oder gar bestrafen wegen Grenzüberschreitungen, die meinem Alter nicht mehr anstehen?

Wenige Tage vor der festgesetzten Abreise legte er mich lahm – im wahrsten Sinne des Wortes.

Am Vorabend meines Geburtstags – ich habe eben kniend aus der Tiefe eines Bücherschranks einen schweren Folianten hervorgezogen – kann ich plötzlich nicht mehr gehen, ohne unter heftigen Schmerzen zusammenzusacken.

In diesem Zustand trifft mich einer meiner Enkel an. Gianni wollte mir zum Geburtstag Blumen und gute Wünsche bringen. Sofort erkennt er meine Notlage. Was nun geschieht, ist ein Lichtschein in dem, was auf mich wartet.

Gianni ruft seine Freundin Bienchen zur Hilfe herbei. Gemeinsam tragen sie mich die fünfzehn Stufen der Wendeltreppe in mein Schlafzimmer hinauf. Gianni benachrichtigt die übrige Familie und holt zu später Stunde ärztlichen Rat ein.

»Röntgen ist in einem solchen Fall unerläßlich«, lautet er lakonisch. »Morgen früh schicken wir die Ambulanz.«

»Die ersparen wir dir«, sagte Gianni. »Wir bringen dich in Mamis Auto zur Klinik.«

Bienchens Vorschlag, bei mir zu wachen, lehne ich ab, aber nach einer gar nicht guten Nacht bin ich dann doch sehr froh, als die beiden frühzeitig eintreffen und mich mit einem Frühstückskaffee stärken.

Bienchen packt alles Nötige für einen »vorläufigen« Aufenthalt in der Klinik ins rote Reiseköfferchen. Ihr Schweigen verrät Betroffenheit und Teilnahme.

Wieder tragen sie meine Last behutsam über die Treppe. Bei strömendem Regen packen sie mich ins Auto. Es ist mein Geburtstag und könnte mein letzter sein.

Im Krankenhaus wartet an der Pforte schon das Rollbett und bringt mich zum Röntgen. Das Ergebnis erfahre ich sogleich – Oberschenkelfraktur. Die jungen Leute bleiben bei mir, besprechen mit mir die Lage und daß es nun aus ist mit der Berlin-Reise. Sie wühlen nicht in meiner Enttäuschung, aber ich spüre ihr verhaltenes Mitleid.

Nachdem sie gegangen sind, erfolgt ein Telefonanruf nach dem anderen. Schließlich bin ich mir im großen, weißen Zimmer allein überlassen. Den See gewahre ich über dem hohen Sims nur, wenn ich mich am Bügel aufrichte. Die Berge erinnern mich an Mauern. Selbst die so harmonisch aufgebaute Pyramide des Pilatus erscheint mir als gleichgültiges Steinmal.

Das weitere: Schmerzen – beklemmende Gefangenschaft – Endzeitgedanken. Ich versuche mich abzufinden. Den Verzicht auf Berlin würge ich hinunter. Ich denke an die tausend anderen, die jetzt ebenfalls aus vielversprechenden Vorhaben gerissen sind. Junge, Unentbehrlichere als ich. Querschnittslähmungen sind ungleich tragischer als meine kleinen Verluste.

Schon bald ergibt sich ein angenehmes Nachspiel auf das verpaßte Berlin.

Die Unannehmlichkeiten, die mein Unfall den Organisatoren bereitet hat, müssen mich nicht länger bedrücken. Eine gute Idee meiner Tochter wird mit dem Einverständnis aller Beteiligten ausgeführt. Die zwei Flugbillette werden als Lohn für geleistete Samariterdienste auf Gianni und Bienchen übertragen. Daß die jungen Leute damit in den Genuß eines Berlin-Aufenthalts kommen, versöhnt mich mit dem schwarzen Geburtstag. Zudem labe ich mich an der Erfahrung, daß es Junge gibt, welche die Leiden des Alters besser verstehen als manche Erwachsene mit ihren ausgewaschenen Gefühlen.

Im Krankenhaus

Widerwillige Einfügung

So bin ich nun eingesperrt – auf unbestimmte Dauer – ohne Bewegungsfreiheit im aufrechten Gang. Er sei eines der wichtigsten Merkmale, das den Menschen vom Tier unterscheidet, habe ich in der Schule gelernt. Also bin ich jetzt fast dem Tier angeglichen, das sich immerhin auf allen Vieren fortbewegen, kriechen oder gar fliegen kann. Ich verscheuche den abwegigen Gedanken, aber das Gefühl von Gefangenschaft zu vertreiben, will mir nicht gelingen.

Mein Zimmer gleicht keineswegs einer Gefangenenzelle. Licht strömt im Überfluß durch die breite Fensterfront; nur daß sein Glanz und seine Wärme umsonst locken: »Komm heraus! Komm heraus!«

Die ärztliche Diagnose geht mir im Kopf herum. Es wirkten sich neben der Fraktur noch andere Altersübel aus, deutete man mir an. Ich kenne sie längst, jene Plagen, die oft schon früh am Wegweiser ins Altersland geschrieben stehen und selbst den scheinbar noch Vollkräftigen erschrecken.

Mir begegnen hier Patienten genug, deren Knochen und Gelenke vorzeitig ihren Dienst verweigert haben. Nach Operationen machen sie in den Korridoren ihre ersten Gehversuche, nicken mir zu, wenn ich auf meinem Rollbett zum Röntgen gebracht werde. Volle Gesundheit ist eigentlich der Ausnahmezustand für die meisten Menschen. Sie sind sich dessen zum Glück nicht bewußt, und mancher setzt die Gesundheit leichtsinnig aufs Spiel: Die Sportfanatiker, die Motorisierten, die Raucher und Trinker und nicht zuletzt die Schlemmer mit den dicken Bäuchen. Lauern darüber hinaus nicht zerstörerische Mikroben, Viren aller Art darauf, den scheinbar widerstandsfähigsten Körper anzugreifen und matt zu setzen? Das sind Gedanken, wie sie in der Krankenhausatmosphäre gedeihen. Sonderbar, daß ich mich ganz widersprüchlich frage: »Bin ich wirklich krank? Ich habe kein Fieber, und Schmerzen spüre ich nur, wenn ich mein Bein in gewohnter Weise gebrauchen möchte. Liegend und sitzend fühle ich mich ganz wohl, wenn auch unter der Wirkung der Medikamente.

Ich muß mich jetzt auf den ungewohnten Tagesablauf einstellen. Nach kurzer Zeit bin ich fähig, meine Morgentoilette selber zu besorgen. Danach werde ich in den Lehnstuhl am Fenster gebettet, die Beine auf einem Schemel hochgelagert. Hier schreibe ich versunken – eine, zwei Stunden lang –, bis die Augen ermüden. Ein kritischer Moment! Zum Lesen wechseln darf ich ja nicht. Ich drehe das Radio auf. Abgesehen von dem mich enttäuschenden Programm, das der Sender bringt, stören Nebengeräusche mein zunehmend schwächeres Gehör.

Wenn ich jetzt nur den verlorenen Nachtschlaf nachholen könnte! Ich bin müde, aber noch nicht so greisenhaft, daß ich jederzeit in ein Nickerchen fallen könnte. Zudem ist es beinahe elf Uhr, sie werden mir das Mittagessen bringen, obschon ich keinen Hunger habe.

Also – was bleibt? Ruhen, am offenen Fenster träumen? Die überschwengliche Sonne draußen! Manchmal erhasche ich eine Duftwelle von Sommer, von frisch gemähtem Gras. Ich möchte aufspringen: Nur fort, ins Freie! Der Sommer ist so kurz! Und ich werde hier eingesperrt sein – auf unbestimmte Zeit…

Ich fasse mich, komme wieder zu mir selbst – nein, richtiger: von mir selbst weg. Das ist bei solchen Anfechtungen das Heilsamste. Aufräumen mit der leisen Bitterkeit, daß an diesem herrlichen Tag – es ist zudem ein Sonntag – niemand auf den Einfall kommt, mich zu entführen. Ich wüßte eine Bank in der Nähe, mit dem Auto gut zu erreichen. Über einer Kleewiese, dahinter Wald und unterhalb der glitzernde See und weit hinten die Fata Morgana der Berge!

Ich muß es mir richtig abtrotzen, dieses: »Laß doch die Sonne für die andern scheinen, die jetzt Ferien haben und nicht – noch nicht – gefangen sind! Gönne ihnen die Freiheit. Bald werden sie wieder in ihre Arbeit eingespannt sein. Darum sollen sie alle ungehindert genießen, was ein solcher Tag zu schenken vermag!«

Am Nachmittag trifft überraschender Besuch ein. Eine Dame aus Übersee. Ich habe sie jahrelang nicht mehr gesehen, doch sind wir bald wieder vertraut.

Sie hat Sorgen und steht im Begriff, nach fast einem Menschenalter ihre Wahlheimat aufzugeben. Drüben begegne man ihr seit des Gatten Tod kühler, sie fühle sich isoliert, man lade sie kaum mehr zu Festen ein. Ich ahne den Grund: eine schöne Witwe könnte leicht zur Rivalin werden. In die Heimat ihrer Jugendtage zurückgekehrt, fühlt sie sich auch hier als Fremde. Die ursprünglichen Bindungen sind nur noch locker.

Hat der Mensch ein Recht auf Heimat? Gibt es die bedingungslose Zugehörigkeit zu einem Ort, zu einem Land? Wo man sich wohl fühle, da sei Heimat? Ich wage es nicht, solche Fragen mit der Frau zu erörtern.

Wie sollen ein paar Gesprächsstunden so schwerwiegende Probleme lösen? Sie sind verbunden mit Schicksal, Umwelt, vielleicht auch mit falschem Verhalten oder unrealistischen Vorstellungen. Ich entlasse die Besucherin mit kümmerlichen Ratschlägen, die sie kaum befolgen wird. Nachdenklich bleibe ich zurück. Der ewige Kampf ums Dasein! Niemand ist ausgeschlossen davon. Auch diese energische, schöne Frau in ihren besten Jahren muß ihn ausfechten. Bleibt er etwa mir erspart, alt wie ich bin?

Da bin ich schon wieder auf die »Ich-Spur« geraten und glaubte doch eben noch, ihr entrinnen zu können. Nie komme ich von mir selbst los. Nur der Tod könnte vom Ich befreien – vielleicht... Aber ich will noch leben, so sehr mich mein aufsässiges Ich manchmal verdrießt. Und doch muß ich mich immer wieder zu ihm bekennen!

Jetzt, wo ich so ganz mir selbst überlassen bin, kommt mich eine wahre Lust an, es herauszufordern. Ich habe einen Einfall: Wieder ein Spiel! Ein Interview von Ich zu Ich, halb im Ernst, halb im Spaß. Ein guter Zeitvertreib. Thema: Kampf ums Dasein, das mir gerade zu schaffen macht.

Schon beginnt die Befragung:

Steht er dir wirklich noch zu, der Kampf ums Dasein, alt wie du bist?

Ich glaube wohl!

Du hast also mit dem Leben noch nicht abgerechnet?

Durchaus nicht.

Fällt er dir schwer, oder ist er dir ein wenig leichter gemacht, jetzt in den hohen Jahren? »Glückliches Alter« – was hältst du davon?

Keineswegs fällt er mir leicht. Glückliches Alter? Dem Glück ist in keiner Lebensphase zu trauen. Man muß schon »Glück haben«, wenn einem das Glück einmal begegnet. Eine Weile geht es mit dir Arm in Arm, und – husch – verschwindet es wieder. Mit dem Alter läßt es sich ohnehin nicht gern ein.

Du bist wohl anspruchsvoll? Vernünftige alte Leute halten sich an das kleine, unscheinbare Glück!

Du meinst das bescheidene, das Wegwarte-Glück? Auch das ist trügerisch. Was ist der herrlichste Sonnenuntergang für einen Blinden, die hinreißendste Musik für einen Tauben?

Man kann auch sehen mit dem inneren Auge und hören mit dem inneren Ohr. Der taube Beethoven schuf Sinfonien.

Und war immer am Verzweifeln.

Wie schlecht gelaunt du bist! Und undankbar obendrein!

Ach, ich weiß, ich sollte ein Beispiel an Zufriedenheit, Geduld und Demut geben! Das sieht man gern an den Alten. Ich kann den Gefallen nicht tun, nicht einmal mir selber. Ich kämpfe für den Lebensrest um mein Recht auf Dasein. Demut ist nicht meine Sache.

Dann bist du also besessen von Lebenswillen?

Es gibt Menschen, die halten das diesseitige Leben für wenig oder nichts. Aber da sind auch die andern, die zu ihm stehen, wie es auch sei. Bin ich denn ins Leben gerufen, es zu verleugnen? Ich kann nicht sein wie die Heiligen. Lebensfromm will ich bleiben, solange es geht. Darum kämpfe ich!

Du gibst aber an! Wie klein und verzweifelt kannst du doch sein, wenn du Schmerzen hast in den langen Nächten oder in Tagen der Verlassenheit oder wenn dir nichts mehr gelingen will!

Dazu stehe ich. Es gehört zum Kampf ums Dasein.

Und wenn du nun für immer an den Rollstuhl gefesselt wärst?

Ja, das liegt nicht außer Möglichkeit. Ich denke oft daran. Dann müßte ich mir Mut holen bei jenen, die mir vorleben, wie man auch dann noch auf seinem Lebensrecht bestehen kann.

So wärst du auch dann nicht bereit, dich demütig abzufinden?

Ich glaube, auch dann nicht! Solange ich noch eine Spur von Lebenssinn zu erkennen vermag, werde ich um mein Daseinsrecht kämpfen. Aber es müßte ein anständiger Kampf sein. Niemand dürfte darunter zu leiden haben. Das wäre die Bedingung.

Gut ist mir das Spiel bekommen! Ich bin froh, daß ich noch die Kraft habe, mich nicht in Duldung und Ergebenheit zu ducken, selbst im Krankenhaus nicht!

Eine Pflegerin kommt herein, mir den Puls zu messen.

»O Schwester, bringen Sie mir doch den ›Eulenburg‹! Ich möchte ausfahren, ein wenig aus dem Zimmer hinaus!«

Und auf den bequemen Fahrstuhl, genannt »Eulenburg«, gestützt, mache ich mehrere Rundgänge durch die langen, blankpolierten Korridore, gleite wie schwebend, auf und ab und auf und ab...

Beobachten und Lernen

Auch Beobachten bringt Kurzweil, macht mich aber gleichzeitig ein wenig aufsässig gegen den Betrieb im Krankenhaus. In dem, was sich um mich herum zuträgt, glaube ich einen kühlen Wind zu spüren – Überorganisation. Doch schon verweise ich mir meine kritischen Gedanken. Was ist dem scheinbar reibungslosen Tagesablauf vorzuwerfen? Hier wird ja geheilt – oft unter schwierigen Umständen. Was gibt es da zu bemängeln? Ich suche nach einem Wort, welches das Vermißte wiedergäbe, grüble, probiere ein wenig, aber wenn mir ein Wort einfallen will, scheue ich mich, es vor mir selber zu verlauten. Denn ich höre im voraus das spöttische Echo des Zeitgeists auf so altmodische Begriffe wie »Hingabe« oder »Barmherzigkeit«.

Ob andere Patienten in diesem Spital auch auf so abwegige Gedanken kommen? Entspringen sie etwa einer Heimwehstimmung?

Ich blicke mich um. Wie hell und hygienisch alles ist! Das bequeme Wunderbett, das ich mit einem Fingerdruck in die gewünschte Stellung bringen kann! Die peinlich saubere Wäsche, die täglich gewechselt wird!

Ein Bild aus meiner zwanzigjährigen Jugend taucht auf: Besuch bei der alten, auf den Tod kranken Madame Pöhl im Genfer Hospital. Im zaristischen Rußland sei sie sehr reich gewesen, habe einen kleinen Palast voll erlesener Kunstschätze besessen und sich als Wohltäterin der Armen betätigt, erzählt uns unsere Pensionsmutter Mademoiselle Z., ebenfalls eine geflüchtete Rußland-Schweizerin. Während der Revolution konnten sie beide gerade ihr Leben retten und in ihrer ursprünglichen Schweizer Heimat Zuflucht finden. Die noch jugendliche Mademoiselle Z. fand als Betreuerin von Studenten eine Lebensaufgabe, während Madame Pöhl zu alt war, einen Beruf auszuüben.

Unser »Foyer des étudiants« war vollbesetzt von Flüchtlingen. Mitten unter ihnen saß Madame Pöhl still und demütig am Tisch und aß so etwas wie das Gnadenbrot.

Wir respektierten die alte Dame, die fließend Französisch sprach. Nie hörten wir sie klagen über ihre veränderten Verhältnisse.

Eines Tages war ihr Platz an der Tafel leer. Es hieß, sie liege im Krankenhaus. Dort besuchte ich sie mit einer Freundin. Aber was für ein Krankenhaus war das! In einem kellerartigen, hochgewölbten Erdgeschoß ein weiter Raum voll aneinander gereihter Betten. Grau die Mauern, der Sandsteinboden, das Licht und eine dumpfe Stille, vor der uns graute.

Da lag das zusammengeschrumpfelte Weiblein unendlich verlassen, mochte kaum die Lider heben und flüsterte mühsam ein paar Dankworte für die Blumen. Wir hielten den traurigen Anblick der Todkranken nicht lange aus und verzogen uns feige.

Das war damals Krankheit in Armut und Alter. Welcher Kontrast zu unseren Spitälern in ihrem bergenden System öffentlicher Wohlfahrt! Was hadere ich da noch mit unumgänglichen Unzulänglichkeiten!

Doch schon am nächsten Morgen ärgere ich mich von neuem. Man hat mich nach einer schlechten Nacht in aller Frühe geweckt, wie die Routine es vorschreibt. Eine eilige Schwester reißt die Vorhänge auf, setzt mich barbarisch dem grellen Morgenlicht aus und steckt mir das Fieberthermometer unter die Achsel. Ich hoffe, in den jäh abgebrochenen Schlaf zurückzufinden – aber nein, da wird schon das Frühstück hereingerollt. Ein zweifelhafter Kaffee – dem gewohnten zu Hause, ach, so unvergleichbar – hat auf Befehl die noch eingetrockneten Gaumensäfte anzuregen und den Appetit herzuzwingen. Gleich danach sollen die Pillen geschluckt werden, die auch nicht besser schmecken, wenn sie in rotleuchtenden Plastikbecherchen dargereicht werden. Noch wird dem Patienten keine Ruhe gegönnt – die Arztvisite ist fällig, gleich danach folgt die Toilette, und zwei Schwestern bringen das Bett in Ordnung.

So wird der Patient zur Spital-Routine erzogen – und schickt sich schließlich drein. Wahrscheinlich ist es in allen Spitälern der Welt so üblich – andernorts viel kaltblütiger als hier.

Ob vielleicht gekrönten Persönlichkeiten, Staatspräsidenten und Filmstars eine besondere Behandlung zukommt? Doch, was geht mich das an, da ich weder Königin noch eine andere gewichtige Person bin.

Vorderhand sehe ich kein Ende meines Aufenthalts hier ab. Dennoch werde ich mich auch auf Dauer nicht an den schematischen Betrieb gewöhnen, nicht an das Mittagessen zu ungewohnter Stunde, schon um elf Uhr, nicht an das Nachtessen um fünf Uhr. Mein ganzer Organismus sträubt sich dagegen. Zu lange war er an andere Zeiteinteilung gewöhnt. Und was sagt mein mangelnder Appetit zu den aufgetischten Portionen? Die Hälfte wäre genug. Die unberührten Reste werden abgetragen; sie kommen den Schweinen zugute. Und andernorts sterben Menschen vor Hunger!

Alles nutzlose Überlegungen! Im Krankenhaus denkt man am besten nicht viel und gehorcht einfach.

Zu guter Letzt mache ich mir noch Vorwürfe: Warum bist du krank geworden – und so alt dazu!

Das Pflegepersonal

Jetzt bin ich schon einen Monat in die weiße Kahlheit dreier Wände eingesperrt. Die vierte, gläserne, mit dem Ausblick auf das lockende Draußen weckt immer noch Fluchtwünsche.

Dennoch ist es drinnen nicht langweilig. Da ist ein Kommen und Gehen junger Schwestern. Täglich wechselt der Reigen. Immer neue Gestalten, Gesichter, Stimmen und Namen. Kaum habe ich mir eine dieser Figuren gemerkt, verschwindet sie von der Szene.

Schwester Beatrice habe Ferien, Schwester Lilian sei zur weiteren Ausbildung in eine andere Abteilung abgeordnet worden. Eines dieser Wesen als Individualität wahrzunehmen, verbietet sich beim ständigen Wechsel.

»Die mit den üppigen Locken ist gar nicht Schwester Heidi; die heißt Anita und ist zum erstenmal hier.«

Das Tagesprogramm der Pflegerinnen und Lernschwestern ist einer strengen Arbeitsteilung unterworfen. Sie halten die Kranken sauber, machen die Betten, servieren, messen den Blutdruck, verabreichen Spritzen, füllen Tabellen aus. Soweit ihre für mich sichtbare Arbeit. Die übrige, hinter den Kulissen, entzieht sich meinen Augen. Überdies haben sie eine Anzahl Patienten in andern Räumen zu versorgen.

Man nennt sie alle Schwestern, auch die, welche noch die Lehre absolvieren. Was ist an ihnen Schwesterliches? Daß sie sich gegen diese Bezeichnung noch nicht gewehrt haben? Es klingt doch ebenso altmodisch wie das verpönte »Fräulein«, das sich die Frauen nicht mehr gefallen lassen wollen.

Es kommt vor, daß sie gruppenweise bei mir

antreten, um einander an die Hand zu gehen. Sind es ihrer sogar mehrere, bin ich an eine Parade von Mannequins gemahnt, so elegant wirken sie in ihren schmucken weißen Trachten von individuellem Schnitt. Die hübschen Köpfchen mit den Lockenfrisuren ständen dem Titelbild einer Modezeitschrift wohl an.

Ein älterer Herr hat mir erzählt, in seiner Abteilung seien die Pflegerinnen alle gesetzten Alters gewesen und allzu fröhliche habe man bald ausgewechselt.

In meinem Trakt gönnt man den Herren glücklicherweise die Augenweide und ein munteres Lachen.

Meine Betreuerinnen haben angenehme Stimmen, junge, wohlklingende, nur schade, daß ihr Wortschatz so karg und angelernt ist. Dieses stets sich wiederholende »Wie geht's Ihnen? Brauchen Sie noch etwas? Ich wünsche Ihnen einen guten Appetit!« nervt mich. Eine gute Nacht zu wünschen geht so leicht und mechanisch über die Lippen. Was sollten sie sonst auch sagen? Aber ein Blick, eine stumme Gebärde, eine zarte Hand können beredter sein als Worte. Die solches zur Verfügung haben, möchte ich »Schwester« nennen. Die sind am frühen Abend auch nicht vom Stalldrang getrieben, verweilen freiwillig noch ein Viertelstündchen im Krankenzimmer.

Doch welche Zumutung! Wer darf es ihnen verübeln – Feierabend – heimgehen zum Freund, der vielleicht schon wartet – oder auch nur in die nett eingerichtete Klause, auf der Couch die strapazierten Beine ausruhen lassen!

Ich kann das gut verstehen. Und besinne mich immer wieder auf die Ungehörigkeit unerfüllter Ansprüche. Ich bin ja Patient, das heißt: ein Geduldiger, ein Duldender.

Entsagung, Aufopferung? Zöpfe von vorgestern! Krankenpflege ist eine Dienstleistung – eine besonders schwierige und verantwortungsvolle – mit Anspruch auf angemessene Freizeit, Ferien und ausreichenden Lohn.

Was läßt sich dagegen einwenden?

Berufung

Zum Pflegepersonal gehört Mr. X., ein Dunkelhäutiger von den Bahamainseln. Seit bald zwei Jahrzehnten steht er im Spitaldienst unseres Landes. Seine Frau ist Schweizerin, und seine zwei Söhne sind hier geboren und aufgewachsen. Sein Vater, erzählt er mir, sei Fischer gewesen, von ihm habe er die tiefsinnige Veranlagung geerbt. Während er mir den Blutdruck mißt, frage ich ihn: »Sie scheinen Ihren Beruf zu lieben?«

Sein dunkles Gesicht verklärt sich: »Sagen Sie nicht Beruf, sagen Sie Berufung!«

»Oh, welch großes Wort!«

Hatte er das wohl schon öfter gesagt, wenn ihn jemand fragte? Nachdem ich seine zartfühlende und doch zurückhaltende Berufsausübung näher kennengelernt hatte, kam ich auf das Gespräch zurück und fragte ihn, von wem oder von woher er denn den Ruf empfangen habe.

Ich erwartete, er werde sich auf Gott berufen, aber ich hatte mich getäuscht. Er zögerte, bevor er mir antwortete: »Ich weiß nicht, wie ich's Ihnen erklären soll. Ich war einfach von innen gedrängt. Nennen Sie's Helferwillen oder den Impuls, Kranken und Schwachen beizustehen. Ich muß in dieser Welt einfach auf der Seite der Liebe wirken – ich kann nicht anders!«

»In dieser Welt«, das Wort nahm ich auf, »glauben Sie, daß Liebe etwas bewirken kann in der brutalen Anlage dieser Welt?«

»Doch«, sagte er, »sie vermag zwar nicht alles, aber vieles, sie ist absolut notwendig.«

Darauf schwieg ich, beschämt von seiner überlegenen Sicherheit. Ganz genau – mit mathematischer Exaktheit – hatte er mir ja den Beweis nicht hinlegen können, so wenig wie Nachtschwester Gertrud dazu fähig gewesen wäre. Sie gestand mir, mit welcher Freude sie für ihren Beruf die Tageshelle an die Nachtwache für die Kranken hingebe. Ich habe es am eigenen Leib zu spüren bekommen. Bei ihr, der zu jeder Nachtstunde Heiteren und

Hilfsbereiten, fand ich die reine Schwesterlichkeit. Da erübrigt sich das Fragen. Schwester Gertrud scheint vom Genie des Herzens gespeist zu sein. In meinen düsteren Nachtgedanken wurde es licht, sobald sie sich, ohne daß ich sie durch Klingeln herbeigerufen hätte, auf leisen Sohlen und mit abgeblendeter Taschenlampe, meinem Bett näherte. Sie schüttelte mir die Kissen auf, brachte mich in eine bequemere Lage, ließ frische Luft ins Zimmer strömen und beruhigte meine Nervosität, indem sie mir eine heiße Tasse Schokolade brachte. Dann fühlte ich mehr, als daß ich es hätte benennen können, woraus das alles entsprang – einfach aus dem einzigen Lichtschimmer im Dunkel der Schöpfung.

Ich darf nicht vergleichen und ungerecht sein gegen die anderen Schwestern, die ihren Beruf auch ernst nehmen. Warum sollten idealistische junge Frauen nicht von Nächstenliebe bewegt sein, auch wenn sie nicht als alleiniger Antrieb in ihnen ausgebildet ist. Wie natürlich, daß Liebe noch in anderen Formen lockt!

Später kann der schwere Beruf der einen oder andern zum Joch werden. Keine Bindung ist dagegen gefeit, zur unerträglichen Last zu verkommen. Gerade die edelsten Dinge des Lebens ertragen keinen Zwang. Und Berufung gehört dazu.

Allen Schwestern ist freundliche Distanz zu den Patienten vorgeschrieben. Es leuchtet ein, daß sie sich auch abschirmen müssen vor dem Unmaß an Schmerzen, dem sie täglich ausgesetzt sind. Nur eines dürften sie nicht werden: Harte, Abgebrühte, wie jene Pflegerin auf der Intensivstation eines großen Spitals. Über sie hat sich ein schwerkranker alter Mann vom Land bei seiner Frau bitter beklagt. Sie hat es mir selber erzählt.

»Böse ist sie mit mir«, habe er gesagt, »barsch fährt sie mich an, wenn ich vor Schmerzen jammere. Ich fürchte mich vor ihr! Und geschwatzt und gelacht hat sie mit den andern hinter der Glaswand der Kabine, während ich litt und die lauten Stimmen fast nicht mehr ertragen konnte!«

Das war eben eine von jenen, die das selbstschützende Abschirmen ins Extrem treiben. Solche sind nicht viel mehr als abgenutzte Maschinen im Getriebe des Krankenhauses. Oh, ihr jungen Schwestern, bewahrt uns und euch, ihnen gleich zu werden!

Der alte Mann, der sich bei seiner Frau beklagte, war im übrigen durchaus kein wehleidiger Patient; denn als die Herzlose von einer andern Schwester abgelöst wurde, einer milden, barmherzigen, da fühlte sich der Alte erlöst und war voll Dankbarkeit.

Kein Alterserlebnis, das nicht an eines der Jugend anzuknüpfen wäre!

Jetzt, wo ich von so vielen Krankenschwestern umschwirrt bin, erstehen mir zwei, die längst nicht mehr leben, ganz lebendig.

Es war zur Zeit der Grippe-Epidemie von 1918. Menschen jeden Alters starben daran, hauptsächlich Soldaten. Die Spitäler waren überfüllt, Schulhäuser in Lazarette umgewandelt.

Auch meine Tante und mich hatte die Seuche ergriffen. Wir lagen mit hohem Fieber im gemeinsamen Zimmer. Die alte Haushälterin war ebenfalls erkrankt, eine Pflegerin bei der großen Nachfrage schwer zu bekommen. Wir hatten Glück. Eines Morgens stand ein »weißer Engel« an unseren Betten, versorgte uns mit Medikamenten und honiggesüßtem heißem Tee und ermunterte uns durch Zuspruch. An ihre sonstigen pflegerischen Handlungen erinnere ich mich nicht mehr, dafür um so deutlicher an das, was sie uns von ihren Erlebnissen im Kriegslazarett erzählte. Bis vor kurzem hatte sie dort Verwundete betreut.

Schaurige Bilder davon nahm ich in meinem fiebrigen Zustand auf. In sachlichem Ton, ja mit lächelnder Überlegenheit, schilderte uns Schwester Marga, wie sie den verstümmelten Rumpf eines blutjungen Kriegers in einem Körbchen mit sich herumtrug. Von diesen Schockbildern erholte ich mich, wenn sie von ihrem Verlobten, einem Aristokraten aus dem Welschland, berichtete, der dem Ärzteteam angehört hatte. Ich glaubte ihr die romantische Geschichte aufs Wort. Warum sollte die rassige Schöne mit den dunklen Augen im milchweißen Gesicht nicht dazu ausersehen sein, das zu erleben, was in leichter Romanlektüre zu lesen war?

Meine kluge Tante hörte zwar alles auch mit an, war aber zu krank, um meine Bewunderung für meinen »weißen Engel« zu dämpfen, wie sie es sonst sicher getan hätte. Die nachfolgenden Ereignisse sorgten von selbst dafür.

Eines Morgens erschien Schwester Marga nicht in unserer Wohnung. Es wurde Mittag, später Nachmittag, kein Lebenszeichen der Vermißten. Endlich schleppte sich meine Tante in die Küche. Vielleicht hatte die Schwester dort eine Botschaft hinterlassen. Was die Tante jedoch zu Gesicht bekam, erschreckte und empörte sie. Tisch und Spüle waren überladen mit schmutzigem Geschirr, Überbleibseln von Gebäck, Schokolade und Wurst; Schalen quollen über von Zigarettenstummeln. Der Schlüsselbund war nicht auffindbar.

Meine Temperatur war inzwischen etwas gesunken, so daß ich mich imstande fühlte, auf die Suche nach der Säumigen zu gehen. Sicher war auch sie krank geworden.

Ich kannte ihre Adresse und machte mich mit noch schwachen Füßen auf den nicht allzu weiten Weg. Im finstern Flur des nüchternen Mietshauses erstieg ich das erste Stockwerk, klingelte aufs Geratewohl und traf es richtig. Nach meiner Erklärung meldete mich die Vermieterin etwas widerstrebend an, worauf sie mich in ein düsteres Zimmer führte.

In einem Alkoven rührte sich jemand. Ich vernahm eine Männerstimme. Darauf erschien Schwester Marga, in einen japanischen Kimono gehüllt. Sie war sichtlich verlegen, das Haar fiel ihr wirr in die Stirn. Mit dem Bescheid, sie fühle sich nicht wohl und werde kaum mehr zur Pflege kommen können, übergab sie mir die Schlüssel.

Trotz meiner damaligen Naivität spürte ich, daß ihr Fernbleiben andere Gründe hatte. War etwa der Verlobte zu Besuch gekommen? Ich verwarf den Gedanken, denn ich konnte mir den Vornehmen nicht in der muffigen Atmosphäre dieses Mietzimmers vorstellen. Und neben ihm meinen »weißen Engel«, der sich inzwischen in einen bunten Vogel mit zerzaustem Gefieder verwandelt hatte.

Was ich bis dahin nur vage erahnt hatte, erhellte sich plötzlich zu greller Anschauung. Die Erkenntnis, daß meine Engelhafte noch einen anderen Liebesdienst ausübte als den an Kranken, machte mich nicht traurig, nur unangenehm gewitzt. Den üblen Beigeschmack habe ich meiner Lebtag nicht verloren.

Viele Jahre später traf ich Schwester Marga zufällig an einem Ferienort. Bei der Begrüßung stieg ihr jäh das Blut ins immer noch milchweiße Gesicht. Es rührte mich. – Wir waren beide längst verheiratet, sie mit einem wohlhabenden Geschäftsmann.

Daß sie uns damals so schnöd im Stich gelassen hat, habe ich ihr längst verziehen. Mit ihrem Verhalten hat sie doch nur heute tolerierte Sitten vorweggenommen. Sie starb früh an Krebs. Wie sie die Krankheit erlitten und bestanden hat, habe ich nie erfahren.

Da wir damals immer noch pflegebedürftig waren, verhalfen uns Freunde zu einem Ersatz für Schwester Marga, einer jungen Bethanienschwester. Das rundliche, rotbackige Wesen mit Augen so blau wie der Himmel, dem es sich versprochen hatte, brachte eine frohe Stimmung in die Nachwehen unserer Enttäuschung. Schwester Emma steckte mich wieder ins Bett, huschte türein und -aus und päppelte mich mit Valentinis Fleischsaft auf. Dem hartnäckigen Husten machte sie bald den Garaus, indem sie mir die Brust mit heißem Öl einrieb.

Da ich schon damals gerne in die Menschen drang, was sie zu ihrem Handeln bewege, wollte ich auch von Schwester Emma wissen: »Warum tun Sie das alles so gern und froh?«

Ich hätte die Antwort wissen müssen, und so lautete sie denn auch kurz: »Dem Heiland zuliebe.«

Wenn ich je von der Frömmigkeit eines Menschen beeindruckt war, so von der heiteren, selbstverständlichen Schwester Emmas. Ich glaubte, in eine Sphäre zu blicken, unerreichbar fern, unerklärlich, weitab einer Schwester Marga, und ich kam mir selbst erbärmlich weltlich vor.

Und in unserer Zeit? Steht die heutige Durchschnitts-Schwester in der Mitte zwischen Schwester Marga und Schwester Emma? Leibhaftige Menschen in Kategorien pressen? Ist denn nicht jeder Einzelne unverwechselbar? Aber das Schematische greift das Menschliche an.

Beschäftigung im Krankenhaus

Bei einem längeren Aufenthalt drängen sich auch geschäftliche Dinge auf: Rechnungen müssen bezahlt, Belege eingeordnet werden; die Krankenkasse verlangt genaue Auskünfte. Nur nicht sich verunsichern lassen durch Versicherungen! Das hat schon manchen Patienten um den heilsamen Schlaf gebracht. Bürokratius ist nicht mein Hausheiliger. Im Krankenhaus ist es besonders schwierig, sich mit ihm zu vertragen. Oft muß ich den Sohn oder einen Freund bitten, mir behilflich zu sein. Ich darf die Übersicht über mein Soll und Haben nicht verlieren.

Ich habe auch eine umfangreiche Korrespondenz

zu erledigen, da ich Aufwand, Mühe und Herzlichkeit meiner Freunde und Bekannten, mir zu schreiben, achte. Alle verdienen eine Antwort.

Ist das getan, darf ich endlich mit dem beginnen, was mich so richtig zu mir selbst kommen läßt: Vertiefung ins Schreiben, Auseinandersetzung mit mir selbst, mit den andern, mit dem Leben.

Kaum habe ich meine Gedanken geordnet und mich eingestimmt, tritt eine Schwester ein, um mir Blutdruck, Puls und Temperatur zu messen; gleich darauf möchten zwei andere das Bett in Ordnung bringen; eine jugoslawische oder spanische Angestellte wischt den Boden feucht auf, oder man bringt die Blumen, die im Korridor genächtigt haben, herein.

Es ist der Augenblick, wieder einmal meine falsche Vorstellung zu korrigieren, im Krankenhaus werde man in Ruhe gelassen. Hier wird einem Präsenz zur Pflicht gemacht, man hat zur Verfügung zu stehen, genau wie in einem Betrieb. Ich habe nichts als krank und pflegebedürftig zu sein.

Die Schwestern sind für peinliche Ordnung und Reinlichkeit in den Krankenzimmern verantwortlich. In meinem ist jeder Ablegeplatz – Tische, Stühle, Sims – von Büchern und Papieren besetzt. Eigentlich müßte ich ihnen als Unperson vorkommen, aber sie haben erstaunlich viel Geduld mit mir, ja, mehr als das – sogar ein wenig Neugier für mein seltsames Tun. Die meisten lesen in ihrer Freizeit gern, blicken interessiert in meine Werkstatt, fragen mich ein wenig aus. Einige haben den naiven Glauben, daß jemand, der »schreibt«, etwas Besonderes sei. Von Geringschätzung meiner Tätigkeit bekomme ich nichts zu spüren. Ich sonne mich ein wenig in der mir entgegengebrachten Aufmerksamkeit, fühle mich nicht mehr nur als das havarierte Knochengestell.

Immerhin bin ich ehrlich genug, das Bücherschreiben in aller Realität darzustellen, mit allen Tücken und Risiken. Sie sollen es nur wissen, daß es nicht viel einbringt, freilich auch Lebenshilfe bedeuten kann wie jede andere Arbeit, wenn Schreiben mit Fleiß und Hingabe ausgeübt wird.

Sie fragen auch, worüber ich denn so eifrig schreibe.

Als ich ihnen antworte: »Über das Alter!«, nikken sie verständnisvoll, vielleicht auch ein wenig enttäuscht.

Bei mir selber lächle ich: Wenn sie wüßten, daß ich gerade daran bin, über meine Gefangenschaft im Krankenhaus zu schreiben, um sie besser auszuhalten!

Zu den angenehmen Störungen gehört das Klingeln des Telefons: die Verbindung mit draußen, mit den Gesunden und Freien.

Und erst die Besucher! Sie bringen mir die Gewißheit, daß ich noch zu den Lebenden gehöre, wennschon ihre Blumengaben mich ein wenig an »letzter Gruß« erinnern.

Täglich hoffe ich, Sohn, Tochter oder Enkel möchten kommen. Sie stillen mir mit ihrer Gegenwart ein naturhaftes Bedürfnis. Wie sollte ich in meinem Alter so fortschrittlich denken und fühlen gelernt haben wie viele Mütterfrauen einer neuen Zeit, die ihre Nabelschnur vorsätzlich und freiwillig beizeiten abgeschnitten haben! Manchmal beneide ich sie ein wenig, wie großzügig und ohne zu trauern sie loslassen können.

Selten gibt es Tage, wo niemand mich besucht. Dann wieder solche, an denen sich vier, fünf Personen gleichzeitig einfinden. Das schätze ich weniger, denn dann ergeben sich eher flache Plaudergespräche. Ich kenne ihren Inhalt längst auswendig:

Ein ausführliches Präludium besteht fast immer in Krankheitsgeschichten. Jeder leistet reihum seinen Beitrag zum ergiebigen Thema. Wem macht nicht ein heimliches Übel – und sei es noch so gering – ein wenig Sorge? Oder einer läßt eine vor Jahr und Tag überstandene Operation aufleben.

Meinem Zustand schenkt man natürlich angemessenes Interesse. Mitgefühl ist sicher immer dabei, aber auch der Hintergedanke: Gott sei Dank, daß ich noch besser dran bin und nicht hier liegen muß! Passionierte Krankengeschichtensammler weiten ihre Berichte gerne in solche ihrer Verwandten und Bekannten aus, meist wenig ermunternde, die in mir oft Grauen wecken. Ich bin dann recht froh, wenn auf ein ebenso beliebtes Thema gewechselt wird: auf die Krankenkost. Man will wissen, wie sie mir schmecke, und weiß von eigenen Erfahrungen auf diesem Gebiet zu berichten. Zur Erholung gerät man alsdann auf die Kochkunst ganz allgemein, tut sich genüßlich in Schilderungen von Menüzusammenstellungen und Rezepten und kommt dabei ins Schwelgen, daß mir, wäre ich mit mehr Appetit gesegnet, eigentlich das Wasser im Munde zusammenlaufen müßte.

Ich freue mich immer über Einzelbesuche. Die lassen das Thema Gesundheit bald fallen, erzählen mir von Ferienplänen und Reisen, aber auch von persönlichen Kümmernissen. Bei einer Kranken, die noch nicht in den letzten Zügen liegt, darf man etwas mehr Anteilnahme erwarten als von robusten Gesunden.

Die meisten Besucher bringen mir Blumen mit oder andere Angebinde. Manche sind jedoch besonders erfinderisch, mir eine Freude zu bereiten!

Frau Anitas origineller Einfall rührt mich. Was packt sie aus ihrer umfangreichen Tragetasche? Alle nötigen Utensilien, womit sie mir das ungepflegte Haar zurechtstutzt und frisch in Form legt.

Das liebste Geschenk ist mir eine längere Anwesenheit zur sich hinziehenden Abendzeit, nach dem frühen Mahl. Darin ist mein Sohn besonders freigiebig. Fast von jedem Feierabend schenkt er mir ein Stück. Ebenso meine Kusine. Im Dämmerlicht des Abends geraten wir zwei Altersgenossen auf unsere gemeinsame Familiengeschichte. Wir ergänzen gegenseitig unsere Erinnerungen an die Großeltern und erforschen überlieferte Kenntnisse früherer Vorfahren. Merkwürdig, wie das Interesse an ihnen im Alter auflebt! Wie sie gelebt, was sie erkämpft, auch erlitten und für uns vorbereitet haben! Ist es, weil wir auch schon bald zu ihnen gehören werden?

Vom Lesen

Meine Besucher bringen mir auch Bücher mit. Was sich da neben mir stapelt an Romanen und Biographien! Je nach Stimmung greife ich zum ›Siddharta‹, zur Selbstbiographie des Filmregisseurs Polanski, zu ›Schwestern berühmter Männer‹, zum Bestseller ›Das Parfum‹. Warum so lustlos, ich, die sonst eifrige Leserin? Obenauf liegt ein dicker

Band in auffällig rotem Umschlag mit dem Titel ›In Gottes Namen‹.

»Lesen Sie es nur«, ermuntert mich der Arzt bei der Morgenvisite, »das Buch ist spannend wie ein Krimi!«

Ich mag Krimis nicht. Von jeher las ich in Feuilletons nur die Einführung und das Ende. Warum sollte ich mich durchlangweilen bis zur Lösung? Mich wundert, warum Leute aller Bildungsstufen leidenschaftlich gerne Krimis lesen. Im realen Leben gibt es Krimis genug. Warum sie noch am Feierabend wiederkäuen? Ach, zur Zeit habe ich einfach ein gestörtes Verhältnis zu Büchern. Ich lese widerwillig und lese doch, komme nicht los von meiner Droge. Hängt es mit der Krankheit zusammen? Mit den Medikamenten, daß ich so lesemüde bin?

Nein, da sind andere Gründe, die es mir vergällen: Die Schriftsteller lieben das Leben nicht. Sie lassen nichts Gutes mehr an ihm, sie schlachten es aus, sie zerfleischen es. Soll ich mir von ihnen immer und immer wieder bestätigen lassen, wie unwirtlich auf dieser Welt zu leben sei – was ich ohnehin weiß – und wie aussichtslos – was ich nicht anerkenne? Ich habe einfach genug von dieser »schwarzen Literatur«, von dieser Beerdigungsatmosphäre – auch wenn die Dichter mit der Sprache noch so kunstvoll umgehen! Diese Art Bücher machen mich krank – auf eine andere Art krank, als ich schon bin. Ich möchte sie zu Freunden haben, mich nicht von ihnen verwirren und verdüstern und mir den letzten Mut nehmen lassen! Auch nicht, wenn wir auf ein irdisches Zeitende zugehen sollten. Dann erst recht nicht!

Eines Nachmittags bringt mir eine junge Freundin ein schmales Bändchen. Gedichte. Lyrik liegt mir nicht besonders. Mein Kopf will beim Lesen immer zu sehr dabei sein, und er ist schwerfälliger als das Gefühl, er stellt seine besonderen Ansprüche. Ich habe ungebührliche Wünsche an die Dichtung. Ich möchte beim Lesen klüger, tapferer, gesünder werden. Kann es sein, daß ich alterskindisch geworden bin, daß mir der Sinn nach »heile, heile, Segen« steht?

Nachdem die Freundin gegangen ist, nehme ich mir das Büchlein vor – mißtrauisch! Der Name des Dichters muß mir doch bekannt sein! Wann habe ich nur von ihm gelesen oder gehört? Es kommt jetzt immer öfter vor, daß ich Namen vergesse, die mir einmal ganz geläufig waren.

Ich drehe und wende das Bändchen. Der Geberin zuliebe will ich einen Blick in seinen Inhalt tun, obwohl mir jetzt so gar nicht nach Gedichten zumute ist. Beim Blättern betrachte ich die zarten Matisse-Illustrationen. Ob sie in einem Zusammenhang mit dem Inhalt stehen? Aha! Da steht auf dem Vorblatt, Hans Leopold Davi habe die Gedichte übersetzt.

Während die letzten Sonnenstrahlen das Zimmer erhellen, beginne ich zu lesen – ein erstes Gedicht, dann ein zweites, ein drittes. Zuerst die deutsche Übersetzung auf der rechten Seite, dann den spanischen Text auf der linken. Ich kann kaum etwas Spanisch, aber nun nehme ich die Bedeutung jedes Wortes wahr, als wäre es eine Sprache, die ich schon immer gekannt hätte. Plötzlich springt mich eine Zeile an, packt mich, läßt mich nicht mehr los. Die paar wenigen Worte nur: *Eine Frage ist in allen Dingen – nichts und niemand weiß Bescheid.*

So schlicht ist es gesagt – das am schwersten Begreifbare! Ich lese weiter – ein Gedicht nach dem andern. Ich finde es fast schade, so viele auf einmal aufzunehmen.

Die Sonne ist verschwunden. Meine Augen sehen vor Müdigkeit nichts mehr. Nur noch diese letzten Verse will ich lesen, mir laut vorsagen:

> »Und ich werde gehen,
> und die Vögel werden bleiben und singen…«

Ich spreche sie halblaut bei geschlossenen Augen vor mich hin. Sie berühren mich wie eine tröstliche Zärtlichkeit. Ich kann nicht aufhören, bis das Abendlicht fahl wird: *Und ich werde gehen, und die Vögel werden bleiben und singen…*

Ich bin nicht mehr allein. Ein Dichter hat über viele Jahrzehnte hinweg zu mir gesprochen.

Früh am Morgen schlage ich das Bändchen wieder auf, wo sich die Seite gerade öffnet. Und da steht: *Das Mädchen lächelt: Warte, ich werde die Krücke holen.*

Das gelähmte Mädchen wird zum Spiel gerufen, aber es muß erst die Krücke holen. Unterdessen sind die andern enteilt. – Und dazu heißt es:

»Aber die Vögel warten nicht,
noch warten die Kinder!
Der Frühling irrt, das Fest gehört dem,
der läuft und dem, der fliegt …
Das Mädchen lächelt: Warte,
ich geh' die Krücke holen!«

Ich lächle auch und stehe auf, um meine eigene Krücke zu holen. Ich bin zwar kein junges Mädchen, sondern eine alte Frau, aber der Frühling irrt auch für mich.

Endlich ins Freie

Jene, die mir das Büchlein geschenkt hat, ist jung. Sie hat mich zum erstenmal aus meiner langen Gefangenschaft befreit – an einem dieser von Licht überströmten Sommertage. Sie ist nicht wie die Kinder im Gedicht, die die Lahme im Stich ließen. Sie ist ein Wesen, nicht ganz von dieser Welt, das aber ein Auto lenken kann und noch viel anderes Nützliches zu tun imstande ist. Sie hat Kontakte mit Geheimnisvollem, woran zu glauben mir nicht gegeben ist. Ich höre sie gerne davon erzählen mit ihrer leisen sanften Stimme; denn es wäre schön, wenn sie nicht von Sinnestäuschungen redete.

Heidi kann auch Unausgesprochenes an andern erraten. Denn heute schlägt sie mir plötzlich vor, mich auszuführen.

Es sind nur noch drei Viertelstunden, bis das Nachtessen serviert wird, aber als die jungen Schwestern davon hören, sind sie großzügig und ganz und gar schwesterlich. Sie freuen sich, daß ich endlich einmal an die Sonne komme.

»Auch wenn Sie sich verspäten«, sagen sie, »eine halbe Stunde oder mehr, wir werden Ihnen das Essen warmstellen.«

Ich humple also, auf einmal wie beflügelt, zum Lift, fahre aufgeregt zur Pforte – und weg sind wir, draußen im hellen Spätnachmittag. Bei einer Bank oben am Hügel machen wir Halt. Zu unsern Füßen ein weicher Teppich von Klee. Heidi entdeckt darin vierblättrigen, eine ganze Kolonie. Sie greift hinein, pflückt wohl ein Dutzend davon. Nein, so etwas! So viel Glücksversprechen auf kleinem Raum habe ich noch nie gesehen! Sie teilt die Ausbeute mit mir.

Wir bleiben noch eine Weile, bis der Klee in meiner warmen Hand schlaff zu werden beginnt; aber ich bin so froh, so beseligt, daß ich wahrhaftig an die Glückssymbole glauben möchte. Zuletzt noch ein paar gierige Atemzüge von der unendlich freien Luft, dann mahne ich zur Rückkehr, die Schwestern sollen nicht zu lange warten müssen.

Aber sie haben nicht auf die Uhr gesehen. Die Zurückkehrende wird herzlich empfangen.

Es ist wahr, ein Glück kommt selten allein. Noch am gleichen Abend besucht mich Freund Karl mit seiner lieben Frau.

Als ich begeistert von meiner Ausfahrt berichte, schlägt er vor, mich gleich am Tag darauf – es ist ein Sonntag – ebenfalls auszuführen.

Diesmal langt es zu ausgiebiger Flucht ins Freie. Auf meinen Wunsch wählen wir abermals die rote Bank zum Ziel. Bald spüre ich, wie die Sonne warme Farbe auf mein Bleichgesicht zaubert, und ein Lüftchen schmeichelt mir ums Haar.

Drunten glänzt festlich der See, und in der Ferne entblößen die Schneeberge ihre unnahbare Pracht.

Ich nehme alles zurück, was ich vor Wochen in trüber Stimmung über die Berge geschrieben habe. Nein, von ferne leuchtend, sind sie mir nicht Mauern, vielmehr wie Grenzen zum Überirdischen. Meine glanzentwöhnten Augen müssen sich zu engen Spalten verengen, um ihre Helligkeit zu ertragen.

Karl hat vorsorglich den Feldstecher mitgebracht. Ich stelle die Linse scharf und fange zittrig das nahe Bild der Stadt ein: die Seeufer auf der andern Seite, die mattgrünen Pilatushänge, vor denen heute Fallschirmspringer niederschweben.

Was ich sonst nur verschwommen zu erkennen vermag, wird mir für Augenblicke überdeutlich. Ich lasse das schwere optische Gerät sinken und überlasse mich wieder meiner gewohnten verschleierten Sicht. Sie hat ihren eigenen Reiz.

Karl, der mit bloßem Auge alles gut erkennt, beschreibt mir die Lage einzelner Straßenzüge, Plätze und Gebäude im mich verwirrenden Stadtbild.

Dazwischen spricht er mit mir über Dinge des täglichen Geschehens, über Politik und Rechtswesen. Reale Welt auf dem Hintergrund des nur als schön Wahrgenommenen vor mir! Ich höre ihm interessiert zu, werfe Fragen ein, er versteht, sie präzis zu beantworten.

Der Freund hat jetzt gute Tage. Ich kannte ihn schon, als er schwere zu bestehen hatte. Nun darf ich mich mit ihm freuen.

Letzte Tage im Krankenhaus

Endlich stellen mir die Ärzte Entlassung in Aussicht. Ich lebe auf, übe mich täglich im Gehen, probe das Auf- und Absteigen auf der Treppe. In der letzten Woche mache ich noch Bekanntschaft mit anderen Patienten. Der Ort, der mir dazu Gelegenheit gibt – man glaubt es nicht –, ist das »Örtchen«.

Auf unserer Etage der Orthopädie gibt es nur wenige Zimmer mit WC und Dusche. Bei meiner Aufnahme waren sie bereits belegt. Zur Zeit wird an einem, allem Komfort genügenden neuen Trakt gebaut. Der Lärm der Preßlufthämmer dringt bis zu mir. Baut man an Räumen, die auch mich später wieder beherbergen werden?

Sobald ich mich mit Hilfe des »Eulenburgs« fortbewegen konnte, durfte ich selbständig das meinem Zimmer gerade gegenüberliegende Klo aufsuchen. Ein Weg von wenigen Metern führt über einen stets blank gescheuerten Korridor. Hier gehen die an Knien, Hüften und Rücken operierten Patienten auf und ab, verschaffen sich Bewegung und üben die wiedergewonnene Gehfähigkeit. Ich habe dem Korridor den Namen Broadway gegeben, denn ein breiter Weg war er für mich zuerst, wenn ich mich mühsam hinüberarbeiten mußte. Hatte ich dann auch den Eingang durch die Türe geschafft, galt es, die etwas eigenwillig funktionierenden Räder des Fahrgeräts so zu lenken, daß es möglichst genau vor einer der WC-Kabinen anhielt. Ein Enkel, der mich einmal begleitete, meinte spöttisch: »Man merkt, daß du keine Autofahrerin bist!«

Drinnen gab es chromglänzende Griffe genug, um unter sicherer Abstützung sein Bedürfnis verrichten zu können. Selbstverständlich waren immer Schwestern bereit, behilflich zu sein. Aber der Selbständigkeitstrieb macht sich besonders bei diesem Geschäft bemerkbar.

Oft waren beide Kabinen besetzt. Da kam ich mit anderen wartenden Damen und Herren ins Gespräch, und so ergaben sich für mich erste Bekanntschaften. Man klärte sich gegenseitig über seine Gebresten auf. Wer eine Operation überstanden hatte, berichtete von der Hoffnung auf die frühere Beweglichkeit. Meist waren es Leute noch rüstigen Alters, darunter jüngere Frauen, die sich von schmerzhaften Rückenleiden hatten befreien lassen. In ihren eleganten Morgenmänteln brachten sie Farbe ins öde Vorgemach des gar nicht stillen Örtchens.

Nach solchen Begegnungen hatte ich oft Besuch der einen und andern Patientin. Leiden und die damit verbundenen Kümmernisse lassen konventionelle Schranken rasch fallen, entfernen aber immer auch von jenen, die sie nicht – noch nicht – am eigenen Leibe erfahren haben.

Meine Besucherinnen gaben mir Einblicke in ihr Leben, wie es sonst nur unter Freunden vorkommt. Sie erzählten vom überstandenen Lebenskampf, aber auch von schönen zwischenmenschlichen Erfahrungen in ihrem Zustand als Behinderte. Tatsachenberichte, die mich stets nachdenklich und bewegt zurückließen.

Mein Sohn ist aus seinen Ferien zurückgekehrt, und damit setzen seine abendlichen Besuche wieder ein. Er berichtet von seinen Fahrten und Wanderungen durch die Toscana. Ich möchte kein Wort davon verlieren, denn lange zurückgelassenes eigenes Erleben taucht wieder auf. Himmelblaue Tage, an denen ich selber mit Mann und Sohn durch die goldenen Kornfelder fuhr. Deutlich sehe ich die schwer geneigten Ähren, fühle wieder, wie mir fast eng wurde vor Glück, versunken ins Schauen und aufs Innigste verbunden mit den zwei mir zugehörigen Menschen. Ich erklimme wieder jugendlich behende die steilen Stufen zu einem Turm von San Gimignano. Nicht im Entferntesten ahnte ich damals, daß ich einmal nur mühsam an Krücken gehen würde. Und doch war bei allem Glück manchmal ein leises Mahnen: Nie wieder kehrt das alles zurück!

Jetzt aber darf ich froh sein, daß dem Sohn zufiel, was mir versagt bleibt. So ist es mir durch seine bildhaften Schilderungen wie neu geschenkt. Es geht dem Alten so viel verloren, wenn zwischen den Generationen die Sprache nicht mehr trägt!

Nach dieser kurz bemessenen Ruhe hat er jetzt viel Arbeit nachzuholen; dennoch bleibt er eines Abends mit seiner Gefährtin bis spät bei mir, und beide warten mit mir das bei einbrechender Dunkelheit angesetzte Seenachtsfest ab. Bei dem Raketenknattern ist an Schlaf nicht zu denken. Ich habe eine gelinde Verachtung für die künstliche Feuerwerkpracht, die da an den Nachthimmel verpufft wird, aber die Menge liebt solche Zerstreuungen. In Scharen warten die Leute, oft von weither kommend, auf das Schauspiel einer bunten Viertelstunde. Ich will's ihnen doch gönnen, ihre Sorgen für eine Weile zu vergessen.

Wohl an die hundert Seenachtsfeste habe ich gesehen, aber eigentlich keines mit reinem Vergnügen – nicht einmal als Kind. Oh, ich erinnere mich sehr gut! Zuerst aufgeregte Erwartung. Im Büro des Großvaters hob man mich, die Kleine, auf den breiten Sims, damit ich das Seebecken besser überblicken konnte, die vielen, mit Lampions geschmückten schaukelnden Boote. Endlich ging es los. Mit Zischen, scharfem Pfeifen, Krachen schossen Sterne zu Tausenden in den nachtdunklen Himmel. Silberne und goldene Garben ergossen sich in den See. Immer reicher, immer bunter, immer höher stiegen die Geschosse auf, bis zuletzt, im Orgasmus des Riesenbuketts, der Himmel im Lichterglanz einzustürzen schien. Vor Schrecken, ich könnte auf meinem ausgesetzten Fensterplatz von den fallenden Strahlen getroffen werden, klammerte ich mich an schützende Arme...

Dann wurde es still – unheimlich still, bis die Bengalische Beleuchtung See, Brücke, Türme, Bahnhof, Hotels in ein zauberhaftes Licht tauchte. Auf dem Heimweg verlor es sich in der nüchternen

Nachtbeleuchtung. Nichts blieb zurück als das Gemurmel der Menge und das Schieben und Scharren müder Füße. Alle Farbe war erloschen, wenn ich an der Hand der Tante, die auf der andern Seite den gelähmten Großvater am Arm führte, nach Hause zurückkehrte. Wo strömten nur all die Leute hin, die in einer schleppenden Prozession vor, neben und hinter mir herschlurften, so ganz anders als vor dem Fest? Aus war der Tumult, nur Leere blieb und Ungestilltes, als ob noch etwas folgen sollte...

Zu Hause trank der Großvater ein Glas Wein, und ich erhielt Zitronenwasser und ein Stück Kuchen.

Erst nachdem die Tante mir Gesicht, Hals und Hände gewaschen, mich zu Bett gebracht und mit mir gebetet hatte, verging meine seltsame Traurigkeit.

Kindheitserlebnisse sind anhänglich. Jene Stimmung pflanzte sich für mich an jedem Seenachtsfest fort. Rasch verpufftes Feuerwerk als Mahnung ans Vergängliche. Nur selten blieb sie aus, etwa, wenn anwesende geliebte Menschen mich den Bittergeschmack vergessen ließen.

Heute abend im Krankenhaus traf dieser Glücksfall ein. Wie angenehm lenkte mich die Gegenwart zweier Menschen ab. Ich freute mich an ihrer Genußfähigkeit, mit der sie das Feuerwerk verfolgten und zwischenhinein die technischen, wirtschaftlichen und psychologischen Zusammenhänge mit dem Volksfest besprachen. Vor interessiertem Zuhören kam ich gar nicht dazu, Vorstellungen nachzuhängen, wie sie mich sonst bedrängten, wenn die falschen Sterntaler krachend vom Himmel fielen. Ich vergaß, an vor Angst zitternde Hunde zu denken oder an weit Bedrückenderes: an von vergnügungssüchtigen Eltern unbehütet alleingelassene und nun vom Raketenlärm geweckte und verängstigte Kleinkinder. Nur einmal durchfuhr es mich: Blinde, die jetzt nur das Krachen und Pfeifen hören und nicht wissen, was Farbe ist!

Endlich der Tag der Heimkehr! Ich habe vor Aufregung schlecht geschlafen; denn ich fand meinen Hausschlüssel nicht. Sollte das ein schlechtes Omen sein? Nach mehreren frühen Telefonaten wußte ich Bescheid, ich hatte sie jemand anvertraut.

Die Ärzte machen noch ihre Routinebesuche.

Dann beginne ich, meine Sachen in Taschen und Köfferchen zu packen. Was sich in acht Wochen alles angesammelt hat! Aber ich bin froh, so selbständig zu sein, daß ich keine Hilfe brauche. Alle meine Lieblingsschwestern sind bis auf eine ausgerechnet heute abwesend.

Es bedrückt mich ein wenig, daß diesmal niemand von der Familie abkömmlich ist, mich heimzubringen. Dafür holt Freund Karl mich ab, bringt noch einen geräumigen Koffer mit, steht mir umsichtig bei und besorgt auf dem Heimweg die nötigen Einkäufe. Wie fremd kommt mir die geräuschvolle Stadt vor!

In meinem Haus angekommen, erschrecke ich. Der Enkel, der es bis jetzt bewohnte, hat davon ganz Beschlag genommen; er ist aber im Umzug begriffen. Es ist nicht mehr mein Daheim! Oder bin ich es, die Mühe hat, noch irgendwo heimisch zu werden?

Freund Karl ist einfühlend, er hat den guten Gedanken, mir den Übergang zu erleichtern, indem er mich mit seiner Frau zum Mittagessen an den See entführt. Und tatsächlich – vom Glanz des Hochsommertags träufelt ein wenig Zuversicht über meine Niedergeschlagenheit.

Wieder daheim

Trotzdem ist es keine Heimkehr. Ich bin ein Fremdkörper im eigenen Haus, weiß nicht, wo ich mich einordnen darf. Gegen Abend kommt endlich Frau Erna, um zu putzen. Sie schimpft, sie komme der Unordnung nicht bei, die der Junge in meiner langen Abwesenheit angerichtet habe.

»Ist es so schlimm?« frage ich schuldbewußt. Nachdem sie gegangen ist, kommt der Sohn, entschuldigt sich, er sei den ganzen Tag durch eine Sitzung auswärts festgehalten worden.

Er wirkt sofort beruhigend auf mich. Ich zeige ihm, wie ich ohne Hilfe die Treppe zum oberen Stockwerk erklimmen kann, indem ich mich am Geländer festhalte. Er ermahnt mich, nicht immer den gleichen Fuß auf den nächsten Tritt aufzusetzen. Nachher hilft er mir, mein Pult in Ordnung zu bringen: Briefe, Rechnungen, die Papiere mit dem Manuskript, das jetzt mein einziger Rückhalt sein wird.

»Werde ich je wieder schreiben können wie vorher?«

»Bestimmt!« ermutigt er mich.

Als ich dann endlich im eigenen Bett liege, muß ich mich erst daran gewöhnen. Es ist weniger bequem als das Spitalbett, hat nicht die mechanischen Vorrichtungen, es in jede gewünschte Lage zu bringen. Aber es ist *mein* Bett, die Matratze neu, in bestem Zustand. Wieder dringt von oben die Rockmusik zu mir herunter, das einzige, was mir die Nähe der Jungen zuträgt, und auf einmal werde ich wehleidig. Ich fühle mich als überflüssige Last, andern im Wege. Was soll ich bei der anscheinend dauernden Behinderung noch unter den Menschen? Ach, ich höre schon den Zuspruch wohlmeinender Tröster: »Andern ergeht es viel schlechter!«

Ich weiß es ja, ich bin immer noch bevorzugt vor vielen, vor unheilbar Leidenden, vor noch jungen vollständig Gelähmten, vor Blinden! Man muß es mir nicht sagen – aber es ist kein Trost, eher ein Untrost.

Langsam lebe ich mich ein in den Alltag, der doch ganz anders ist als vor meinem Klinikaufenthalt. Ich bin zwar weniger gefangen als dort, aber doch auch abhängig. Bewußter noch muß mir werden, daß es kein Verweilen in einem befriedigenden Zustand mehr für mich gibt. Immer werden Zwischenfälle Geplantes zerstören, mich zurückweisen auf dem eingeschlagenen Weg. Jeden Tag werde ich mich an Unverhofftes anpassen müssen. Schädlich ist das freilich nicht!

Auf ausdrücklichen ärztlichen Befehl muß ich jetzt eine Haushaltshilfe suchen. Das Unterfangen erweist sich als mühsam. Stundenlang telefoniere ich mit Hilfsstellen. Ins Schema der Alterswohlfahrt passen individuelle Bedürfnisse nicht. Eine ältere Person, die man mir schickt, die aber nur pflegen will, kann ich nicht brauchen. Mich sauber halten und ankleiden, kann ich Gott sei Dank noch selbst. Ihr folgt eine, die selber behindert ist und auch hinkt. Sie sei zum Putzen nicht fähig, nur kochen möchte sie. Du lieber Himmel!

Aber nach Tagen geht doch ein Stern auf, in Gestalt einer Hilfe, wie sie mir nottut. Sie ist mittleren

Alters und möchte nur als »Fräulein« angesprochen werden. Leider wird sie mir von der Vermittlungsstelle nur einen Monat lang zugestanden. Erfahren, ruhig, einfühlend, geht sie ihrer Arbeit nach. Außerdem kocht sie ausgezeichnet, setzt uns all dic altmodischen, aber so herrlich nostalgisch mundenden Luzerner Gerichte vor. Nicht nur mein Herz gewinnt sie, sondern auch das meines noch für kurze Zeit anwesenden Enkels. Wie gern er sich von ihr verwöhnen läßt, auf jene so selbstverständliche mütterliche Art, die heute als fragwürdig gilt. Sichtlich hebt sie sein angekratztes jung-männliches Selbstgefühl. Er läßt sich von ihr die letzten Reste seiner Leibspeisen schöpfen und dankt es ihr mit an ihm ganz ungewohnter Höflichkeit. Ich habe mich Eifersuchtsanwandlungen zu erwehren.

Unser Glück darf nicht lange dauern. Noch bevor der zugebilligte Monat abgelaufen ist, erkrankt Fräulein M. an Grippe. Mit hohem Fieber schleppt sie sich noch zu mir und müht sich am Telefon um einen Ersatz. Leider ohne Erfolg. Sämtliche Haushilfen sind in dieser Influenzazeit bereits in Anspruch genommen.

Nach ihrem Weggang finden sich Großmutter und Enkel auf einmal in einem gemeinsamen Gefühl – dem eines wirklichen Verlusts. Auf noch schwankenden Beinen wurstle ich mich durch, greife dann zur Selbsthilfe und lasse gleich in mehreren Zeitungen ein Inserat erscheinen, das sich mit über zwanzig darauf erfolgenden Angeboten lohnt. Ich engagiere gleich zwei Frauen, um mich abzusichern für den Fall, daß die eine ausfällt. Die jüngere der beiden ist bei der Arbeit flink wie ein Wiesel. Am Abend putzt sie noch Büros. Sie rackert sich ab für ein bißchen Lebenskomfort und vor allem für den Sohn. Dem fällt das Lernen schwer, verwöhnt, wie er vermutlich ist, also läßt sie ihn eine teure Privatschule besuchen. Den hartnäckigen Husten der Abgehetzten habe ich von Anfang an beargwöhnt und rate ihr dringend, den Arzt aufzusuchen. Der verordnet sofort Erholung und verbietet ihr jede Putzarbeit. Ich mache mir meine Gedanken zur Befreiung der Frau.

Mir bleibt die ältere, ebenfalls tüchtige Hilfskraft, doch auch sie stellt mich vor Probleme: Ich schreibe immer in den Morgenstunden, wenn mein Kopf noch ausgeruht und klar ist und keine Ermüdungserscheinungen mich lähmen. Unterdessen besorgt die Frau den Haushalt. Sie hat aber die Angewohnheit, mich alle Augenblicke aus meiner Versunkenheit zu reißen. Ein leises schüchternes Klopfen an der Tür, sie bringt mir die Zeitung oder die Post herein. Ein andermal begießt sie die Grünpflanzen oder sie hat eine dringende Frage. Ist es wirklich die lautere Gewissenhaftigkeit? Durch keine Bitte oder Ermahnung läßt sie sich belehren, daß mich die kleinste Störung aus dem Konzept wirft. Sie begreift es einfach nicht! Aber dann begreife *ich*! Im Gegensatz zu mir braucht sie bei ihrer Arbeit Kontakt, sie will nicht alleingelassen werden.

Ich löse das Problem, indem ich morgens früh aufstehe und vor ihrem Eintreffen eine bis zwei Stunden in Ruhe über meinem Manuskript sitzen kann.

An den Nachmittagen gebe ich jetzt dem bekannten Altersdrang nach, »mein Haus zu bestellen«, das bedeutet Ausmisten, Wegwerfen, Raum schaffen auf Gestellen, in Schränken, Truhen, Schubladen. Sie sind angefüllt mit unvorstellbaren Mengen aufbewahrter Schriften und Papieren aus jenen Zeiten, als Wegwerfen verpönt war. Ein geräumiges Haus kann zum Verhängnis werden. Es schluckt und schluckt in allen Winkeln.

Gewissermaßen in letzter Stunde mache ich mich ans Verlesen, opfere der Vernunft Gedenkenswertes und doch längst Vergessenes. Sogar das Manuskript eines Romans entdecke ich, den ich als junge Mutter schrieb. Unvollendet ist er liegengeblieben unter dem Dachboden. Ich möchte ihn so gerne lesen, wenn es mir die Zeit erlaubte und ich die vergilbte Schrift noch entziffern könnte. Mich im Damals wiedererkennen! Weg damit!

Auch Sachen rächen sich, wenn man sie zu lange altern läßt. Sie werden zur Last. Heute weiß ich, daß es nur *ein* vernünftiges Verhalten gibt: Möglichst wenig aufbewahren – vorweg fort mit allem, was sich entbehren läßt!

Zu spät hole ich das Versäumte nach. Ich lasse mich nicht verführen, noch einmal in bitter-süßer Nostalgie Vergangenem nachzuhängen, sage zu mir: »Willst du dich beschämen lassen von den Millionen Flüchtlingen, denen nichts blieb, was ihnen wert war? Nicht einmal das Notwendigste! Deine Gefühle gleichen dem Sturm im Wasserglas.«

Es kann vorkommen, daß mich nach ein paar Stunden solcher Arbeit eine schmerzhafte Müdigkeit überfällt. Ich bin ganz wehrlos dagegen, habe nicht einmal mehr die Kraft, mir einen stärkenden Kaffee zu bereiten. Kein Zuspruch an mich selbst fruchtet. Ich kann mich nur noch hinlegen und die Augen schließen. Nicht einmal einzuschlafen, bringe ich fertig, als ob die gräßliche Schwäche sich selber auskosten wollte!

Nur *ein* Gedanke – nein, ein Gefühl – irrt noch in mir herum: So müde sein und *so allein*! So wird es einmal sein, wenn ich sterbe ... Ich bin zu schwach, den Hörer in Reichweite abzuheben. Und wenn es mir gelänge – alles ist so fern und unerreichbar, nichts ist mehr als diese vernichtende Müdigkeit.

Lange ergebe ich mich diesem Zustand, beinahe bewußtlos. Plötzlich taucht eine Vision auf: Letzte Zuflucht Altersheim – Pflegeheim! Die Vorstellung wirkt – augenblicklich – wie ein an der Schläfe vorbeigezielter Schreckschuß. Sie weckt die Lebensgeister jäh auf. Ich kann die Glieder wieder heben, ihnen Befehle erteilen. Die Lethargie hat sich verflüchtigt, der Lebenswille regt sich.

Ärzte

Mit unzähligen Ärzten – Augen-, Ohren-, Zahnärzte inbegriffen – bin ich in meinem langen Leben in Berührung gekommen, im wahrsten Sinne des Wortes, denn früher beschränkte sich ein Besuch beim Arzt nicht auf das Wenige, was ihm Technik und Labor noch überlassen haben. Bei jedem hartnäckigen Husten mußte sich der Patient die Brust abklopfen oder bei Bauchschmerzen auf den Leib drücken lassen. Außer zahnärztlichen empfand ich die notwendigen Berührungen als selbstverständlich, wenn nicht gar interessant, weil es dabei um die Wichtigkeit des eigenen Körpers ging.

An meiner Wiege muß ein guter Arzt gewaltet haben. Ich war noch nicht ein halbes Jahr alt und an einer Lungenentzündung auf den Tod erkrankt. In einem von meiner Großmama hinterlassenen Brief las ich später: *Wenn das arme Tröpfchen nur sterben könnte, es ist ja so erbärmlich schwach und kaum lebensfähig.* Der Arzt jedoch hat mich durchgebracht. Ich sollte jener nicht in mein damals schlafendes Bewußtsein gedrungenen Schemengestalt wohl dankbar sein.

Ein erstes leibhaftiges Ärztebild beschränkt sich auf Hände, die heute noch in meiner Vorstellung haften – große, schwere Hände, die mir aus einer stark angeschwollenen Drüse am Hals eitrige Flüssigkeit in ein Becken drückten. An Schmerz erinnere ich mich nicht, nur an ein seltsames Wort – »Sublimat«, das damals zur Desinfektion diente.

Meine Tante päppelte mich mit aller Mühe und Sorgfalt auf. Sie hatte es sich in den Kopf gesetzt, aus dem serbelnden Pflänzchen einen lebenstüchtigen Organismus aufzuziehen. Aus diesem Grund führte sie mich einer ärztlichen Kapazität zu, einem professoral aussehenden, weißbärtigen Großpapa. Ausgerechnet dieser erfahrene Arzt hat mir, wie ich später erfuhr, eine schlechte Lebensprognose gestellt. Dieses schwache Kinderherzchen sei nicht für lange aufgezogen, habe er zu meiner Tante gesagt.

Dem Orakel zum Trotz ist es uralt geworden.

In ihrer Sorge konsultierte die Tante noch eine weitere kinderärztliche Autorität. Der setzte mir das kalte Metall des Stethoskops an die einzeln zählbaren mageren Rippen. Die Tante klagte über meinen geringen Appetit, auch ein wenig über meine ausschließliche Lust auf Süßigkeiten. Der

Arzt musterte mich hinter seinem eine dünne Nase einklemmenden Zwicker etwas säuerlich und sagte dann: »Das Kind hat einen mißleiteten Appetit.«

Der Ausspruch ging in der ganzen Familie um. Der »mißleitete Appetit« ist mir mein Leben lang anhänglich geblieben. Auch im hohen Alter halte ich mich noch nicht an das, was anderen »normalen« Leuten schmeckt. Raffiniert zubereitete Sößchen und fremdländische Gerichte munden mir nicht, Schokolade und Süßspeisen sind mir nach wie vor höchster Gaumengenuß. Es bleibt etwas Infantiles an meinem Appetit haften.

Einmal wurde er unangenehm auf die Probe gestellt. Jedes Jahr durfte ich die Tante und den Großvater in die Sommerfrische begleiten. Der Ort war wegen seiner Schwefelbäder und seiner vorzüglichen Küche berühmt. Der Hotelbesitzer war ehemals Koch einer hohen Fürstlichkeit gewesen, an seiner Tafel aß man lukullisch. Ich kostete von allem ein wenig und doch vielleicht zu viel, zudem lockten mich die Beerenschläge des nahen Waldes. Während Tante und Großpapa ihr Mittagsschläfchen hielten, genoß ich ein reines Sinnenglück: die herrlich süßen, sonnenwarmen Beeren und um mich Waldluft und ein Summen von Insekten.

Bald rächte sich die zusätzliche Nahrungszufuhr durch schlimme nächtliche Durchfälle, die mich und die arme Tante um den Schlaf brachten. Darauf strenge Diät mit Hafer- und Reisschleim, während die Erd- und Himbeeren am heimlichen Waldplatz nur noch für die Vögel reiften.

Als weder Schleimsüppchen noch Medikamente dem Übel beikamen, sprach der Kurarzt die Vermutung aus, es könnte sich um eine Darmtuberkulose handeln. Meine Tante war in große Sorge gestürzt und obendrein durch meine Pflege und die Betreuung des gelähmten Vaters überfordert. Die Kurgäste nahmen rührenden Anteil an unserem mißglückten Ferienaufenthalt. Die Heimreise war bereits beschlossen, als eine Dame meiner Tante den Rat gab: »Versuchen Sie es doch mit Eichelkakao, der wird unfehlbar helfen.«

Man ließ den Eichelkakao per Expreß kommen, ich trank gehorsam das widerliche Gebräu – und genas.

Der Kurarzt machte dem Großvater eine gesalzene Rechnung, und ich genoß fröhlich die noch verbleibenden Ferientage. Seither blieb ich lange ein wenig anfällig für Darminfektionen, aber unser Hausarzt kurierte mich jedesmal – nicht mit Eichelkakao. In der Schule ergaben sich dadurch viele Fehlzeiten – leider, denn ich ging gern zur Schule. Aber die Rekonvaleszenzzeit schenkte mir unbegrenzte Freiheit zum Lesen. Und dann erfuhr ich auch so recht, was Hunger war und Appetit – nicht mißleiteter. O die ersten Nüdelchen nach der langen Diät, das erste Kompott, die zarten Häppchen Kalbfleisch!

Nach der Pubertät besann sich mein Körper auf seine Tauglichkeit. Er kräftigte sich von selbst, als habe er noch allerlei mit mir vor. Für längere Zeit war ich ärztlichem Beistand enthoben, dafür war jetzt meine Tante um so mehr darauf angewiesen. In ihren Wechseljahren stellten sich lebensbedrohende Störungen ein. Ich war kaum zwanzig, als sie zu allem von einer schweren Gallenerkrankung befallen wurde. In großer Angst um ihr Leben – ich liebte meine Tante sehr, außerdem hing von ihr meine Zukunft ab – bat ich den Arzt um Auskunft über ihre Lebenserwartung. Seine Antwort war niederschmetternd. Zum Glück war auch er ein falscher Prophet. Meine Tante war nicht dem Tode nahe, sie lebte noch siebzehn Jahre.

Trotz all der geschilderten Fehlprognosen habe ich das Vertrauen in ärztliche Hilfe nie verloren. Irren gehört zum Leben. Jede Wissenschaft muß sich mit Irrtümern abfinden.

Was für einen großartigen Beruf übt doch der Arzt aus! Innerhalb aller Beschränkung darf er heilen, Leiden erträglich machen, Leben verlängern. Die Aufgabe prägt ihn in seiner geistigen Haltung – *müßte* ihn prägen.

Ärzte haben jedoch auch ein Privatleben, ein kurz bemessenes allerdings. Die mir außerhalb ihres Berufs begegnet sind, habe ich alle als anregend, gescheit, lebensklug erfahren. Manchen sagt man nach, sie nützten ihr berufliches Ansehen aus, indem sie spielerisch mit Frauen umgingen. Aber warum lassen denn Frauen mit sich spielen? Vergewaltigung der Gefühle? Gibt es das? Im Gesetzbuch läßt sich dafür kein Paragraph finden, und ein Medikament gegen fehlgeleitete zarte Gefühle, schon gar nicht gegen aus Berechnung entstandene, ist auch noch nicht entdeckt worden.

Nebenbei beleben all die pikanten Histörchen die Szene. Ich gestehe, daß ich heute noch meinen Spaß an einem solchen habe, das sich in den weit zurückliegenden Zwanzigerjahren zutrug.

In einem renommierten Schweizer Spital waltete als Chef der gynäkologischen Abteilung ein smarter und interessanter Mann mit schon leicht angegrauten Schläfen. Den Ruf als Frauenheld durfte man ihm kaum verargen, war er doch umschwärmt von Verehrerinnen wie von einem wild gewordenen Bienenschwarm. Schockierend empfanden sogar Kollegen seine Äußerung: »Frauen nimmt man wie Zündhölzer, man zündet sie an und wirft sie weg.«

Dieser Zyniker stand auf dem Höhepunkt seines beruflichen Ansehens, als die Frau seines Assistenzarztes unter dem Beistand des hochgeschätzten Chefs etwas zögernd ihr erstes Kind gebar. Der junge Arzt hatte seine Eheliebste nicht nur von der ärztlichen Kunst des Bewunderten unterrichtet, sondern ihr auch einiges von dessen Frauengeschichten anvertraut. Als die Gebärende in Narkose lag, kam es zu einer Revolte ihres Unterbewußtseins. Sie begann dem berüchtigten »Frauenverbraucher« mit scharfem Tadel ins Gewissen zu reden. Nicht aufhören wollte sie mit ihren Vorhaltungen und Beschimpfungen! Sich die Lage des jungen Assistenten und Ehemannes vorzustellen! Er konnte der Betäubten und doch so schrecklich Wachen ja nicht den Mund zuhalten! Der Chef soll – zu seiner Ehre sei's gesagt – seinem Unterstellten nichts nachgetragen haben. Mich hat dieses Vorkommnis damals mit ein wenig Schadenfreude erfüllt; aber als ich viele Jahre danach vom einsamen Alter des einst so Selbstgefälligen berichten hörte, hatte ich fast ein wenig Erbarmen mit ihm.

In meiner Genfer Zeit packte mich mitten im farbigsten Studentenleben eine Grippe mit hohem Fieber. Meine Pensionsmutter, eine würdige Professorenwitwe, ließ gegen meinen Protest einen Arzt kommen. Ich sehe noch vage seine elegante Erscheinung vor mir, an deren Verordnungen sich Madame gewissenhaft hielt. Sie ließ den Bronchitiskessel dampfen und gab mir schweißtreibenden Tee zu trinken, dazu nur ein leichtes Süppchen. Nach einigen Tagen verspürte ich gewaltigen Hunger, und ich bekannte dem Arzt meine unbändige Lust nach heißer Schokolade und Kuchen. Doch davon wollte er nichts wissen. Ich indes, unerschüttert von seiner Autorität, maßte mir an, ihn zu belehren. Ich erzählte ihm, wie ein Luzerner Arzt während der Grippe-Epidemie von 1918 mit guter Ernährung seiner schwersterkrankten Soldaten die niedrigste Sterblichkeitsquote erreicht hatte.

Meine Genfer Autorität war mit meiner naseweisen Beratung durchaus nicht einverstanden. In schonender Liebenswürdigkeit wies er mich zurecht: »Sie dürfen ein zartes junges Mädchen nicht mit robusten Soldaten vergleichen!«

Es blieb bei Süppchen und Tee. Allein meine Freundinnen, die mich täglich besuchten, versorgten mich heimlich mit dem, wonach mich gelüstete, und alsbald wurde ich gesund.

Lange hatte ich jetzt gar keine Zeit, krank zu sein. Die anstrengenden Studienjahre vermochten mich nicht zu schwächen. Erst als ich schon im Berufsleben stand, erwischte mich eines Tages abermals eine Grippe, verbunden mit einer hartnäckigen Bronchitis. Ich war wirklich sehr krank. Meine Tante befürchtete eine Tuberkulose, wovon es in meiner Familie schon Fälle gegeben hatte.

Ein tüchtiger Spezialist untersuchte und röntgte meine Lunge. Es war keine Tuberkulose festzustellen, doch ein Kuraufenthalt auf der Rigi sollte mich stärken und heilen. Aber auch dort hustete und fieberte ich weiter. Niemand war so klug zu vermuten, ein heimlicher Kummer könnte an mir zehren.

Nach mehreren vergeblichen Wochen schickte

man mich nach Arosa. Während einer Liegekur las ich Romane und vertiefte mich in ein schwieriges philosophisches Werk: ›Das Geheimnis der Wirklichkeit‹. Daneben lebte ich in meiner mir zugänglichen Wirklichkeit, die darin bestand, daß ich auf einsamen Waldspaziergängen Tannenduft einatmete, die Eichhörnchen fütterte und mich nach dem vollen Leben sehnte. Vom vielen Liegen und der guten Kost war ich inzwischen rundlich geworden, die Sonne hatte mich gebräunt, und ich machte keineswegs mehr den Eindruck einer Kranken. Den Husten hatte ich verloren, nur die Quecksilbersäule stieg immer noch boshaft weit über den roten Strich. Ein in Arosa ansässiger Lungenspezialist mit dem Ruf eines ausgezeichneten Diagnostikers, Dr. Lichtenhahn, den ich deswegen zu guter Letzt aufsuchte, gab mir den besten Rat: »Kehren Sie heim, nehmen Sie Ihre Arbeit auf und verstecken Sie einen Monat lang das Fieberthermometer.«

Ich gehorchte.

Ich erinnere mich noch gut, wie ich nach der abgelaufenen Frist ängstlich das Thermometer unter die Achsel schob. Zu meiner Freude zeigte es meine normale Temperatur.

Noch in seinen besten Jahren mußte Dr. Lichtenhahn sein Leben lassen. Mit Erschütterung vernahm ich, daß er und seine Frau mit dem Auto über die Felswand des Klausenpasses gestürzt waren.

Auch Ärzte haben ihr Schicksal zu tragen. Manches habe ich mit Anteilnahme verfolgt. Warum mußte ein besonders gewissenhafter Internist sein über alles geliebtes Töchterchen, das einzige, was ihm aus der zerstörten Ehe geblieben war, an einen zu spät erkannten perforierten Blinddarm hingeben?

Einem andern raubte eine Kinderlähmung innert zwei Tagen die Frau und ließ ihn mit unmündigen Kindern zurück. Er hat den Verlust nie verschmerzt.

Dem Kinderarzt, der meinen eigenen Nachwuchs so fürsorgend betreute, wurde das ersehnte einzige Kind tot geboren. Das ist mir besonders zu Herzen gegangen, da ich ihn schon in meiner Jugend kannte. Als ich ihn das letzte Mal traf, waren wir beide in den Achtzigern. Er hatte nicht mehr lange zu leben und wußte es. Wir sprachen über Vergangenes, und ich durfte ihm noch einmal danken und ihm sagen, wie sehr ihn meine Kinder – längst erwachsen – verehrten.

Wenn ich an ihn denke, fällt mir immer eine kleine Szene aus der Kriegszeit ein, als Ärzte überbeansprucht waren. Er aber eilte zu jeder Tag- und Nachtstunde zu Hilfe, wenn unser Junge am falschen Krupp litt und mit Erstickungsanfällen kämpfte. Bei einer solchen Gelegenheit geschah es, daß der vom Dreijährigen so bewunderte Doktor beinahe seine Autorität eingebüßt hätte. Der

Kleine hatte einen Widerwillen gegen eine bestimmte Arznei. Immer mußte ich es ihm abschmeicheln, das widerlich-süßliche, ölige Zeug zu trinken. Ein einziges Mal vertrat mich unsere schwäbische Hausangestellte. Sie vergötterte zwar das Bübchen, stellte es aber mit wohlgemeintem Zureden auf die ungeschickteste Weise an. Und als der Doktor bei seinem nächsten Besuch den kleinen Patienten fragte, ob er die Mixtur brav schlucke, da senkte das Büblein den Kopf und gestand: »Ja, die Olga hat gesagt, wenn ich sie nicht nehme, muß ich sterben und komme ins Grablöchle und dann fressen mich die Würmer!«

»Aber nein, das ist doch nicht wahr«, wollte der Arzt das verängstigte Kind beruhigen, »mir kannst du es glauben, ich weiß es doch besser als die Olga!«

Da schlug das Büblein strahlend seine Augen auf und sagte: »Wart nur, wirst es dann schon sehen, wenn's tot bist!«

Es brauchte einiges, bis der gute Doktor dem Kleinen den Angstkomplex ausgeredet hatte.

Mit dem Tod dieses Arztes ist für mich das Inbild eines Kinderfreundes verlorengegangen.

Je älter ich werde, desto mehr bin ich auf Ärzte angewiesen. Mein Körper hat nicht mehr die Kraft, sich selbst zu helfen. So steht es mir wohl zu, mich zu fragen: Sind die heutigen Ärzte anders als früher? Oder bin ich als Patientin selber anders geworden? Beides mag zutreffen.

Wenn ich meine Ärzte mit jenen meiner jungen Jahre vergleiche, sind sie tatsächlich anders geworden. Nichts mehr von jener Selbstsicherheit und steifkragigen Unnahbarkeit von einst!

»Meine Ärzte!« Wie großartig das klingt! Genügt mir denn nicht ein einziger? Es stimmt schon und nicht nur, was mich betrifft. Jeder, der für längere Zeit krank ist, kommt mit einem einzigen Arzt nicht aus. Wenn das körperliche Getriebe in mehreren Teilen harzt, gibt es keinen Doktor Allwissend, ein Spezialist muß zu Rate gezogen werden.

Sind Ärzte nicht allwissend, so können sie auch nicht allgegenwärtig sein. Bei ihrer oft an die Grenzen der Belastbarkeit reichenden Beanspruchung brauchen sie Entspannung – Ferien – und das mehrmals im Jahr.

Ich habe das Glück, daß in den letzten Jahren zwei auf mehr als einem Fachgebiet erfahrene Ärzte sich meiner annehmen. Bei meiner Anfälligkeit bin ich froh, wenn ich *einen* von ihnen zu Hilfe holen kann und mich nicht einem unbekannten Dritten anvertrauen muß.

Meine beiden Ärzte lassen das »Seelsorgerische« nicht außer acht. Ich darf mich ihnen ungescheut anvertrauen in dem, was mich bedrückt. Sie nehmen es mir auch nicht übel, wenn ich ihnen gelegentlich meine Skepsis vor ärztlichem Wissen verrate.

Die Ärzte haben sich in der Tat zu ihrem Vorteil verändert. Sie sind freier, lockerer, zugänglicher geworden. Könnte man sich etwa eine Szene wie die folgende, vor einem halben Jahrhundert geschehen, vorstellen?

Während meines Aufenthalts im Krankenhaus hatte ich an Stelle des total veralteten Badezimmers ein hypermodernes einbauen lassen. Ich fühlte mich eigentlich nicht heimisch darin, weil ich mich an allerlei neue Handgriffe gewöhnen mußte, deren komplizierter Gebrauch mich in meiner Unbeholfenheit verwirrte. Mein Arzt teilte meine Bedenken bei der Anwendung der Dusche, als er sie begutachtete. Besondere Aufmerksamkeit schenkte er jedoch dem raffiniert ausgestatteten WC. Es trägt den anspruchsvollen Namen »Propomat«, sieht nicht nur imponierend hygienisch aus, sondern weist auch beachtliche funktionelle Eigenschaften auf. Der Propomat lüftet nach Gebrauch sofort üble Gerüche weg und spült den verschmutzten Körperteil mit warmem Wasser.

»Wie funktioniert denn dieses Ding?« fragte mich der an allem Technischen interessierte Doktor anläßlich seiner Inspektion.

»Ach«, gestand ich, »mir ist das alles zu kompliziert! Ich bin einfach zu ungeschickt. Man müßte auf der linken Seite der Schüssel auf eine Taste drücken, und schon sprudelt der Quell. Bloß dauert es eine Weile, bis das Wasser warm kommt.«

Wie der Doktor so andächtig neben mir vor dem Becken des Propomats kauerte, suchte er auch schon nach der Taste, um den Vorgang auszuprobieren. Mit einem Unisono-Schrei fuhren wir zurück: der Propomat übersprühte uns mit einer ausgiebigen kalten Dusche! Sein Haar, sein gepflegter schwarzer Bart trieften vor Nässe. Nicht besser erging es meiner Frisur. Wir griffen nach Frotteetüchern, und während wir uns abtrockneten, krümmten wir uns vor Lachen. Mein Arzt hat dabei seine Würde nicht verloren. Er hat sogar noch etwas Liebenswertes dazugewonnen, und er selber hat mir geraten: »Darüber müssen Sie eine Geschichte schreiben!«

Keine Geschichte hat sich daraus ergeben, nur ein heiterer Farbfleck in der Charakteristik eines sehr menschlichen Doktors.

Humoriges trägt sich nur selten zwischen Arzt und Patienten zu. Grundsätzlich geht es um Ernstes. Ärzte sind Treuhänder unseres vielleicht teuersten Lebensgutes – der Gesundheit. Sie bleiben es auch für Menschen im hohen Alter.

Mir ist nicht immer gut zumute, wenn ich mein mir geschenktes, eigentlich längst überfälliges Leben so wichtig nehme. Ich bewundere die Geduld, mit der meine Ärzte mich anhören, wenn ich etwas zu klagen habe. Aber da ist keine Spur von Überdruß an ihnen zu erkennen, und es ist nicht so, daß mein altes Leben ihnen weniger gälte als junges. Manchmal erscheint es mir kaum glaubhaft, daß Leben bei ihnen *nicht* nach Jahren zählt. Nur manchmal, wenn ich wegen meiner zahlreichen Beschwerden etwas wehleidig werden will, ermahnt mich der eine: »Denken Sie an Ihren Jahrgang!« Das eben fällt mir nicht leicht! Andererseits sieht er es nicht gerne, wenn er mich bei seinen Besuchen auf dem Liegestuhl ausgestreckt findet.

»Legen Sie sich doch nicht schon bei lebendigem Leib in den Sarg!« heißt es dann recht ärgerlich.

Nicht gerade weiche, aber wirksame Worte! Ich habe sie beherzigt, und sie haben dazu beigetragen, daß mein Liegestuhl inzwischen zum unnützen Requisit geworden ist. Meine Ärzte haben mich zur Selbständigkeit erzogen und mich bei der Anschaffung geeigneter Hilfsmittel stets gut beraten.

Seit ich mich im Stadium des ganz hohen Alters befinde, erscheinen sie mir als eine Art Torhüter vor dem letzten Unbekannten. Nicht unheimliche Wächter sind sie, wie jene in Kafkas Schloß; sie gleichen auch nicht dem Zerberus in der altgriechischen Sage. Gute, verständnisvolle Begleiter sind sie mir auf das hin, was uns alle erwartet. Oft fährt es mir durch den Sinn: Auch er, der mir jetzt gegenübersitzt, mich väterlich berät und mehr weiß über mein Befinden als ich selbst, auch er wird alt werden, vielleicht sogar hinfällig wie ich jetzt.

Ich wünsche inbrünstig, daß den Gewissenhaftesten Siechtum erspart bliebe und daß es keinem von ihnen ergehen möge wie jenem Amtskollegen, von dem mir Freunde jüngst Erschütterndes berichteten. Schon mit 63 Jahren habe er sich, erschöpft und abgenutzt vom schweren Beruf, in sein Ferienhaus in einem italienischen Bergdorf zurückgezogen, wo er Erholung erhoffte. Den Dorfbewohnern, deren Dialekt er nicht verstehe, begegne er nur im Wirtshaus, er fühle sich schrecklich einsam und sei der Schwermut verfallen.

Und nun hat auch einer meiner Enkel diesen Beruf erwählt. Noch ist der junge Idealist voll kühner Bereitschaft, den Kranken zu dienen. Was aber wird seiner warten? Wird er an den Klippen dieses Berufs vorbeikommen und am unbarmherzigen Existenzkampf nicht zermürben? Man stellt den jungen Ärzten heute nicht die beste Prognose. Wird er der mit so schweren Auflagen verbundenen Aufgabe standhalten? Drei Worte drücken die ärztliche Verantwortung im Lateinischen ganz knapp und eindrücklich aus: PRIMUM NIL NOCÉRE: Vor allem stehe für den Arzt die Pflicht, seinen Patienten bei der Behandlung keinen Schaden zuzufügen. Wie leicht aber kann er entstehen – ungewollt – etwa durch ein Zuviel oder Zuwenig eines Heilmittels! Sogar der Laie weiß, daß fast jedes sich nachteilig auswirken kann, und sei es noch so genau abgewogen. Kein Körper ist in seinen Reaktionen bis aufs Letzte berechenbar.

Soll ich mir nun Sorgen machen um den hoffnungsvollen jungen Mediziner? Nein – ich will nicht dem Alterspessimismus nachgeben, sondern mich lieber freuen, daß einer aus meinem Geblüt den Mut auf sich nimmt, ein Menschenhelfer dieser Art zu werden.

Und nun noch eine Frage, die mich beschäftigt – jeden Tag mehr – eine Frage eher an mich selbst.

Wer wird mir beistehen, wenn es mit mir zum Letzten kommt – wenn ich meiner selber nicht mehr mächtig bin und mir das Glück versagt sein sollte, mich leise und unverhofft aus diesem Leben wegzustehlen?

Werde ich fremden Menschen ausgeliefert sein? Oder wird einer meiner vertrauten Ärzte mir das Aushauchen erleichtern?

Ich weiß, daß ich nicht der einzige Mensch bin, der sich im geheimen diese Frage stellt. Sie muß unbeantwortet bleiben – man muß sie dem Schicksal überlassen...

Im Überblick

Oft frage ich mich: »Was war nun das Beste in deinem Leben? Was hat es dir besonders wert gemacht?«

Ich könnte sagen: »Alles war mir wert – weil es eben Leben war.« Aber das meine ich nicht, obwohl es stimmt, weil ich dazu stehen kann. Aber ich war immer so etwas wie eine Goldsucherin. Ich suchte im Geröllsand des Alltäglichen nach Goldkörnern, das will heißen: nach besonderen Werten. Ich siebte unermüdlich, und was ich dabei gefunden habe, bewahre ich in der Schatztruhe meiner Erinnerungen. Von Zeit zu Zeit hole ich sie hervor und erfreue mich an ihnen. Und da das Glücksuchen in der Natur aller Menschen liegt, selbst der Heiligen, die sich am Märtyrertum freuten, darf ich es mir auch selbst nicht verargen.

Meine Tante sagte mir – wohl in der Absicht, mich vor törichten Lebenserwartungen zu bewahren – zuweilen ein Gedicht vor, das mir gar nicht gefiel, auch wenn es eine kaiserliche Hoheit zur Verfasserin hatte. Gemeint ist mit ihr Elisabeth von Österreich, die heute vor allem als liebliche junge Operettenfigur bekannt ist. In Wahrheit war die fürstliche Frau nach vielen Schicksalsschlägen und durchgemachten Leiden schwermütig geworden. Unstet zog sie von einem Land ins andere zu kurzen Aufenthalten an den schönsten Orten. Als sie in Genf vom Boot an Land gehen wollte, ereilte sie ein tragisches Ende: Sie wurde von einem Anarchisten erstochen.

Von jenem längeren Klagegedicht, das ihr zugeschrieben wird, sind mir nur zwei Zeilen haften geblieben:

»Was du ersehnst, das wird dich ewig fliehen,
was du beweinen kannst, verlierst du auch.«

Als ich es von meiner Tante zu hören bekam, war ich etwa dreizehn, also noch ein halbes Kind, das zwar schon vieles ahnte, aber doch von einem gesunden Lebensmut durchdrungen war. Einmal geriet ich beim Anhören dieser Verse in hellen Zorn. Ich hielt mir die Ohren zu und schrie: »Nein, nein, das ist nicht wahr! Diese Dichterin ist eine dumme Gans!«

Genau diese Worte gebrauchte ich. Die Tante nahm sie mir nicht übel, ich glaube gar, sie freute sich darüber, denn sie verbiß das Lachen. Auf jeden Fall verschonte sie mich von Stund an mit jenem Zitat; dennoch ist es mir im Gedächtnis geblieben bis auf den heutigen Tag.

Jetzt, wo ich sehr alt bin, kommen mir die zwei Zeilen oft in den Sinn, und nach eines langen Lebens Erfahrung überlege ich: Haben sich diese Worte am Ende doch bewahrheitet?

Aber immer noch lehnt sich in mir etwas gegen die Absolutheit dieser Aussage auf. Fast zürne ich meiner Tante: Wie konnte sie einem halben Kind, das sie doch so sehr liebte, einen solchen Sinnspruch aufdrängen? Das hieß doch, ihm von vornherein die Hoffnung nehmen? Nichts leichter als Jugendliche zu beeinflussen, wenn noch alles in ihnen im Werden ist!

Was mag in einem Geschöpf, wie ich eines war, gewirkt haben, daß es sich der Entmutigung energisch widersetzte? Und was waltete über meinem Schicksal, daß sich die schwermütige Prognose der kaiserlichen Dichterin nicht erfüllte? Nun wird man aber nicht fast 90 Jahre alt, ohne Verlorenem nachtrauern zu müssen: unersetzlichen Menschen, glücklichen Ereignissen und festgefügten Zuständen. Es dauerte lange, bis das Wissen, daß alles nur vorübergehend geschenkt ist, sich in mir stark genug verwurzelte.

Erinnerung an das erste Glück

Wenn die Goldsucherin nun ihr Leben durchblättert wie ein Buch, dann fällt ihr auf, daß sie nicht zwischen jene Seiten ein Zeichen gelegt hat, die von den »großen« Geschenken des Lebens handeln, sondern von kaum in Worte zu fassenden, zarten Glücksmomenten. Es sind die Augenblicke, in denen ich erfahren habe, wie schön Leben sein kann. Sie enthalten nichts Gewaltiges, kein Sechserwürfelglück, handeln weder von materiellen Erfolgen noch von Liebeserfüllung. Es sind eher einsame Glückserfahrungen, aber gerade sie leuchten mir jetzt im Alter immer wieder auf, wenn auch nur im Abglanz der einstigen Intensität.

Ein Erlebnis dieser Art geht in meine früheste Kindheit zurück. Es ist die erste bewußte Begegnung mit der Natur. So wenig ist daran und doch so unendlich viel. Nur ein Sommermorgen – es muß ein Sonntag gewesen sein, denn ich trug ein ärmelloses frisch gestärktes Kleidchen – ich gehe mitten durch eine blumenübersäte Wiese: Licht, Glanz, Farbe, Wärme, Düfte dringen auf meine erwachenden Sinne ein. Das Kind ist selig vor Glück, faßt es kaum: So schön ist die Welt!

Dermaßen stark war der Eindruck, daß er nie mehr erlosch. Immer wieder tauchte er auf, wenn ich durch eine Sommerwiese ging. Ja, wenn ich es jetzt nur noch könnte, so leichtfüßig wie einst! Höchstens an ihrem Rand humpeln darf ich, nie mehr in sie eindringen. Und die Wiesen selbst sind längst nicht mehr so bunt, meine Arme nicht mehr bloß und das Kleid nicht mehr sonnendurchlässig! Und doch ist alles noch da. Ich müßte nur weit genug hinaufsteigen können zu unversehrten Matten. Aber wer nähme mich mit?

Manchmal, wenn ich nachts im Dunkeln liege, ersteht hinter den geschlossenen Lidern ein Schimmer meines ersten großen Glücks.

Der goldene Schlüssel

Ihm folgte ein ähnliches Glückserlebnis. Sechs Jahre war ich alt und damals bei der Großmutter zu Besuch. Wenn ich nur darum bettelte, durfte ich in die Gartenanlage jenseits der Straße eilen. War ich allein, spielte ich versunken mit Kieseln, Blättern, Zweiglein, formte aus Bodenlehm Figuren und nutzte alles, was das Gärtchen der kindlichen Phantasie nur bot. Meist gesellten sich Kinder aus dem Quartier zu. Mit ihnen sprang ich Seil oder spielte mit Murmeln um Gewinn. Dabei machte ich die ersten Erfahrungen mit dem Kampftrieb, der schon in Kindern recht gut ausgebildet ist. Auch in mir äußerte er sich. Sobald ich angegriffen oder betrogen wurde, wehrte ich mich wild. Einmal wollte mir ein älterer Junge Gewalt antun, indem er mir mit einer Schnur die Beine zusammenzubinden versuchte. Da biß ich ihn in die Pausbacken, daß er heulend nach Hause lief. Solche Kinderspiele waren gar nicht reine Freude, eher stets mit Angst und Wehr verbunden. Aber die gleiche Kameradschaft führte mich einem Erlebnis zu, das ich als eines der glücklichsten bezeichnen darf.

Dem Gärtchen gegenüber befand sich in einem Eckhaus die Heilsarmee. An gewissen Tagen öffnete sie den Kindern ein ebenerdiges Lokal und versammelte sie in einem Andachtsraum zu Gebet und Gesang. Dazwischen erzählte eine Frau mit der rot-blau bebänderten Schutenhaube fromme Geschichten. Zu diesen Erbauungsstunden schleppten mich meine etwas älteren Gespielen, die bereits zur Schule gingen, mit. Hier waren sie alle ganz sanft, sogar die Buben. Die Mädchen nahmen mich in die Mitte, und wir hörten der Heilsarmee-Frau andächtig zu.

Vor dem Singen verteilte ein junger Offizier an die Größeren kleine rote Heftchen, die den Text der Lieder enthielten, den ich bald vom bloßen Hören auswendig kannte. Einmal streckte auch ich verlangend die Hand danach aus.

»Ja, kannst du denn schon lesen, Kleine?« fragte der Mann. Ich nickte, obschon es gar nicht wahr war, und er hatte ein Einsehen und gab mir eins. Wohl kannte ich ein paar Druckbuchstaben, doch der kleinen verschnörkelten Schrift im roten Büchlein war ich bei weitem nicht gewachsen, höchstens daß ich die Gestalt des einen oder andern Worts erriet.

Da es erlaubt war, das Büchlein mit heim zu nehmen, machte ich mich sogleich ganz allein ans Lesenlernen. Indem ich mich an die gesungenen Texte erinnerte, gelang es mir nach und nach, die Wörter zu entziffern. Zuerst nur einzelne wie »Heiland« oder »Jesus Christus«, die immer wieder vorkamen. Sie dienten mir als Wegleitung zu den andern, und so vollzog sich in mir das Lesenlernen, das ja in seinem abstrakten Vorgang stets ein Wunder bleibt.

Es dauerte nicht lange, bis ich wirklich lesen konnte. Es war ein unbeschreibliches Glück! Keines, das sich verflüchtigt wie so manches andere, sondern eines, das mir treu blieb ein Leben lang. Zusammengekauert in einen alten Lehnstuhl – für jeden andern eine Tortur, darin zu sitzen – vergaß ich alles um mich her. Und später, auf der harten Schulbank – wir lasen Andersens Märchen ›Draußen auf dem Lande, dicht am Wege, stand ein kleines Maßliebchen …‹ –, da war ich das Maßliebchen, und als die Reihe laut zu lesen an mir war, mußte mich die Lehrerin aus der Verzauberung wecken; denn während die meisten Mitschülerinnen sich noch mit den ersten Sätzen der Geschichte mühten, war ich längst bei den stolzen Tulipanen angelangt, die das Maßliebchen verachtet hatten.

Als ich lesen lernte, war mir kaum bewußt, daß ich damit eine geistige Unabhängigkeit gewonnen hatte; dennoch spürte ich etwas wie Stolz. Ich fühlte mehr, als daß ich wußte, was mir geschenkt worden war: eine fast unzerstörbare Glücksmöglichkeit. Sie blieb es bis heute und trägt mich immer noch. Ich habe den goldenen Schlüssel zum

Tor, hinter dem es keine Einsamkeit gibt, noch nicht verloren.

Nur will sich jetzt, im Alter, das Tor mit dem goldenen Schlüssel nicht mehr so leicht öffnen lassen; denn jedes irdische Glück geht über die Sinne, und das im Schlüssel eingravierte Paßwort heißt »Augenlicht«. Das Schloß will auf einmal klemmen, wenn ich versuche, es zu öffnen.

Als Kurzsichtige trug ich von jeher eine Brille. Mit diesem Hilfsmittel konnte ich die Umwelt von weitem und von nahem klar sehen. Jetzt hilft mir keine Brille mehr, die Schatten auf der Schrift zu verscheuchen. Als ich das zuerst wahrnahm, vermutete ich das Altersübel »Star« – grauen oder grünen – oder gar Ablösungserscheinungen an der Netzhaut. Der Befund des Augenarztes jedoch lautete: »Kein Star von Bedeutung.« Mir war eine im hohen Alter oft vorkommende Augendegeneration vorbehalten: eine Makula. Das Wort klingt wie ein schöner Mädchenname, bedeutet jedoch ein unheilbares Übel. An der Netzhaut, beim Gelben Fleck, neben dem Eintritt des Sehnervs, hat sich ein Loch gebildet. Es ist die Stelle, die beim Lesen und Schreiben die Lichtstrahlen auffängt. Der Sichtumkreis sei noch intakt, mildert der Arzt das Urteil, und die Versehrung werde nicht zur Erblindung führen. Er empfiehlt mir sogar, die Augen zu gebrauchen, auch zum Lesen und Schreiben, so gut es eben gehe. Nur Übermüdung solle ich vermeiden.

So schicke ich mich in eine neue Behinderung, die mir das Alter auferlegt.

An Weihnachten schenkte mir die Tochter eine elektrische Schreibmaschine, worauf ich die Schrift auf verschiedene Größen einstellen kann. Vorerst ging es ans Einüben der neuen Technik. Die Umstellung vom jahrzehntelangen Gebrauch der mechanischen Maschine auf die computerähnliche elektrische ging nicht ohne Aufwand von Mühe und Geduld ab. Nach dem gewohnten harten Anschlag nun Einstellung auf ein lockeres Fingerspitzenspiel. Das Mitschleifen nicht erwünschter Lettern kann ich immer noch nicht vermeiden. All die neu zu erlernenden Kniffligkeiten haben sich noch nicht als unbewußte Reaktionen eingeprägt. Mich verwirrt die andere Anordnung der Zeichen, und ständig überhöre ich den leisen Piepston, der das Zeilenende signalisiert. Aber ich gebe nicht auf. Mit Zähigkeit habe ich meine verwünschte Elektronische doch dazu gebracht, mir zum hilfreichen Instrument zu werden.

Ein anderes Hilfsmittel lobe ich sehr, denn es geht mir ja nicht nur ums Schreiben, sondern auch um mein Leseglück. Mein Sohn hat mir am Bett eine großformatige, bewegliche Lupe eingebaut, die mit einer die Schrift beleuchtenden Lampe versehen ist. Nun muß ich auf meine Abendlektüre nicht mehr verzichten. Allerdings – Leseorgien bis spät in die Nacht hinein darf ich mir nicht mehr leisten. Davor warnen mich die Augen beizeiten: »Jetzt ist es genug, wir sind müde!« Ich lasse gehorsam das Buch sinken, lösche das Licht, lege mich zum Schlaf hin. Zuletzt denke ich mit Wehmut, was ich in meinem Leben noch alles hätte lesen mögen, wozu jetzt keine Zeit mehr ist. Ich trauere auch ein wenig, daß ich vor lauter undisziplinierter Lesegier so manch Wertvolles verpaßt habe.

Als ich als Sechsjährige mein Leseglück entdeckte, da glaubte ich an ein unzerstörbares Gut. Es hat lange gedauert, bis ich erfahren mußte, daß auch dies gefährdet ist.

Fremde Sprachen

Noch bevor ich lesen lernte, traf ich vor einem benachbarten Hotel mit Kindern zusammen, die miteinander in einer Sprache redeten, wovon ich kein Wort verstand. Es stellte sich heraus, daß sie auch ganz ordentlich Deutsch sprachen, sogar in unserer Mundart. Sie erzählten mir, sie kämen aus Amerika und wären weit übers Meer gefahren, um Luzern zu besuchen. Ihre Eltern seien schweizerischer Herkunft und wären nun zu einem Ferienaufenthalt hierher gekommen, um ihnen das Land zu zeigen. Als ich die Kinder miteinander Englisch sprechen hörte, wurde ich ganz aufgeregt. Gab es denn nicht nur eine einzige Sprache, die unsrige, sondern auch noch andere, in der sich Leute verständigten? Eine unvorstellbare Weite tat sich vor mir auf: das Unbekannte, Fremde, das aber für andere das Selbstverständliche war. Und es gab ein Land, das Amerika hieß, wo Kinder daheim sein konnten wie ich in Luzern! Ich war dermaßen überwältigt, daß ich die Treppe hinaufstürmte: »Großmama, da unten sind Kinder aus Amerika, die sind auf einem großen Dampfschiff übers Meer gekommen, und sie reden nicht wie wir, sie reden Engelländisch!«

An dieses frühkindliche Erlebnis knüpft sich ein Traumbild, das mir später im wachen Zustand immer wieder erschienen ist. Es war wie ein Blick in ein früheres Leben, begleitet von einem sonderbaren Sehnsuchtsgefühl. Noch heute kann es mich ankommen, so stark hat es sich mir eingeprägt:

Ich wähne mich an einem Hafen voller Schiffe mit Masten. Nebel macht das Bild verschwommen, aber ich glaube, Schiffssirenen zu hören. Eine geheimnisvolle Erwartung lebt in mir. In diesem wachen Nacherleben ist mir, als wäre mir das alles einmal wirklich begegnet.

Oft habe ich das Bild auf Reisen gesucht, aber nie gefunden. Die Erklärung »Das könnte in einem andern Leben gewesen sein« liegt meiner skeptischen Natur fern. Wie aber wäre dieser traumhafte Zustand zu erklären? Ich hörte schon, daß man solche Gesichte im Mutterleib erfahren kann. Soviel mir bekannt ist, war meine Mutter, als sie mit mir schwanger ging, nie in der Fremde. Nur der Vater fuhr vor meiner Geburt als Schiffsmatrose nach Amerika. Solche Zusammenhänge sind mir viel zu kühn; ich glaube an eine zeitliche Erinnerungstäuschung. Ich kann ein Gespräch von Auswanderern mit angehört oder Bilder gesehen haben, die ich unbewußt in mir aufgenommen hatte.

Irgendwie bringe ich dieses Wachtraumbild immer wieder mit jener Kinderbegegnung und dem Erlebnis der fremden Sprache zusammen. Und wenn es mich überkommt, macht es mich sehr glücklich, aber absichtlich suchen darf ich es nicht. Es bedeutet wohl nichts anderes als eine Sehnsucht nach der Weite der Welt.

Spätere Glückserfahrungen

Oft wundere ich mich darüber, daß solche zarten, fast traumhaften Erlebnisse mir dauerhafter in Erinnerung geblieben sind als manche aufwühlenden, dramatischen. Sie wurden mir auch noch in der Zeit geschenkt, als ich die Kindheit hinter mir gelassen hatte. Allen ist gemeinsam, daß sie mit Öffnung oder Weitung des Bewußtseins zu tun hatten. Als eine Art Offenbarung erscheinen sie mir heute oder als das Erfahren starken Lebensgefühls.

Oft wirkte es sich in einer bestimmten Witterungslage aus, wenn die Luft einen fremden Ruch herwehte, der von weit her zu kommen schien. Nicht etwa Sonnenglanz löste die verheißungsvolle Stimmung aus, eher waren es durchsichtige Föhntage, die manche Leute als drohend empfinden, oder sogar Regenwetter.

Einmal allerdings erlebte ich eine solch unvergeßliche Verzauberung an einem klaren Septembertag. Es war an den Pilatushängen, als ich als junge Seminaristin aus einem Ferienlager im Eigental, wo ich Schulkinder betreut hatte, nach Hause zurückkehrte. Ich fühlte mich jung und gesund. Tief unter mir lag die heimatliche Stadt, die ich damals gar nicht besonders schätzte. Aber in diesem Augenblick liebte ich sie in einem Vorahnen von Zukünftigem. Nicht Versprechen oder Hoffnung, kein Begehren war damit verbunden, es war einfach die Erwartung von Mannigfaltigkeit, die mich in ein unbeschreibliches Glücksgefühl versetzte: Du lebst und gehst auf all das zu! Eine Leichtigkeit war in mir; als ob ich Flügel gehabt hätte, dem Kommenden entgegenzuschweben.

Solche Erlebnisse wiederholten sich – irgendwo, irgendwann, etwa zur frühen Abendstunde. Die Straße war nach Geschäftsschluß von Heimkehrern belebt. Die Blätter am Rande des Trottoirs gilbten schon, die Trambahn knirschte in den Gleisen, ein eigenartiger Odem lag in der Luft. Ich betrat das Haus, wo ich wohnte und das ich liebte, den Hausflur mit den bemalten Wänden, der Briefkastenreihe mit den kleinen Gucklöchern, der Treppe mit dem gedrechselten Geländer. Ich stieg hinauf. Durch die gegen den weiten Hof geöffneten Fenster drang Tellerklappern. Man bereitete überall das Nachtessen. Jemand rührte mit dem Schwingbesen eine Sauce oder Creme. Auf den Küchenbalkon gegenüber trat die grazile Architektengattin und goß die Blumen. Ganz banale Dinge von wenig Tragweite oder Wichtigkeit. Heute weiß ich: Es war sehr viel – das bewußte Jugendgefühl, in welchem ich das Einmalige, Unwiederbringliche eines Lebensaugenblicks empfand.

Später als junge Studentin in Genf erfuhr ich es erneut. In der Pension kaum eingelebt, hatte ich Heimweh, sah vom Fenster aus zu den Gärten über den mit rotem Weinlaub überzogenen Mauern hinüber. In der kaum begangenen Nebenstraße unterhalb der ernsten grauen Herrschaftshäuser lag ein dichter Laubteppich. Plötzlich überkam mich in meiner Melancholie eine unbändige Lust, darauf zu gehen und das Laub unter den Füßen rascheln zu hören. Ich zog den Mantel an und griff, da es zu regnen begonnen hatte, zum Schirm. Lange ging ich unter der von Weinlaub umsponnenen Mauer und den schweigenden Gärten darüber auf und ab, während der Regen auf mein Schirmdach trommelte. Und wieder erlebte ich unvermittelt eine Glücksstimmung, wie nur die Jugend sie kennt. Verflogen das Heimweh, verdrängt durch die Vision: Einmal wirst du nicht allein so im Regen gehen – später, viel später, was macht das aus, ich kann warten...

Sind sie gefährlich, diese Jugendträume auf Ungewisses hin? Oder locken sie die Erfüllung vielleicht herbei? Und wenn sie in der späteren Lebensrealität zu Enttäuschung und Verbitterung führen? Das ist der Schatz der Erinnerung, der für das Alter aufbewahrt ist.

Noch bewegt sich mein Lebensstrom. Auch wenn sich winterliche Eisschollen darauf gebildet haben, darunter murmeln die nie vergessenen Jugendträume. In manchen Stunden geben sie mir die versöhnliche Kraft, auch das Wissen auszuhalten, was der Strom auf seinem Grunde an Verweslichem mitführt.

Ich habe viel Umgang mit jungen Menschen. Sie sind jetzt meist zugänglicher und offener als jene zu meiner Zeit. Nur geht es manchen weniger um Visionen von der Fülle des Lebens an sich als um Verheißung und Bewußtseinserweiterung, die sie im »Fernen Osten« zu finden glauben. Ich beneide junge gesunde Menschen, denen die Welt noch offen erscheint. Wenn jedoch die Zukunft nur noch kurz ist, bleibt wenig im Vergleich zu ihnen. Sie werden Neues schaffen, verändern, Notstände verbessern – vielleicht auch neue bewirken in Voreile, Unbedacht und Unvermögen.

Ob sie im Lauf ihres Lebens zuwege bringen werden, den Notstand des Alters zu lindern, einen der vordringlichsten, weil er auf jeden wartet – auch auf sie?

Auf die jungen setze ich Hoffnungen; meine eigene geschwächte Kraft reicht nur noch aus, meine Altersgenossen zu ermuntern:

»Laßt euch unter keinen Umständen aus der Teilhabe am Leben verdrängen! Wenn wir auch nicht mehr viel Zukunft für uns haben, so doch die Gegenwart. Vertun wir sie nicht, solange wir nur noch daran beteiligt sein dürfen!«

Vom Altersnotstand

Schon früh sah ich beides auf mich zukommen – das Alter und den Tod. Als Kind versuchte ich, den Zeitablauf einer Lebensdauer arithmetisch zu erfassen. Ich zählte: »Eins, zwei, drei … zehn … zwanzig … fünfzig …«

Zuerst schien mir die Zahlenreihe lang, wenn sie sich jedoch den Sechzig, Siebzig, Achtzig näherte, erschreckend kurz. Ich schloß daraus: »Einmal wird es sehr rasch gehen, bis du alt wirst und nur noch das Sterben vor dir hast. Ach, denk jetzt nicht daran, jetzt bist du jung, erst zehn!« – Und ich zählte ganz langsam: »Eins, zwei, drei, vier, fünf ...!«

Als wir alle sechzig wurden, veranstalteten wir ein Klassentreffen. Nur wenige fehlten, sogar zwei Auswanderinnen aus Amerika waren gekommen. Nachdem wir der drei, vier Verstorbenen herzlich gedacht hatten, sagte eine Mitschülerin zu mir: »Du warst ein komisches Mädchen, du hast immer vom Sterben gesprochen!«

Ich sah sie verdutzt an: »Ich, vom Sterben? Und immer? Unmöglich!«

Da fiel mir ein, daß der Deutschlehrer uns Fünfzehnjährigen das ungewöhnliche Aufsatzthema gegeben hatte: ›Wie möchte ich einmal sterben?‹

Mein Aufsatz gefiel dem Lehrer besonders gut, ich durfte ihn der Klasse vorlesen. Daran erinnerte sich wohl meine Kameradin. Er mußte ihr Eindruck gemacht haben, deshalb gelangte sie zu dem Ausdruck »immer«.

Jener Aufsatz war ein phantastisches Gebilde: Ich war als eine Art Ophelia in ein Boot voller Blumen gebettet, um von den Wellen ins Unendliche des Meeres getragen zu werden. Ich besitze den Aufsatz nicht mehr, der Lehrer hatte ihn behalten, um ihn in die Zeitung zu bringen, deren Mitarbeiter er war. Der Aufsatz wurde jedoch von der Redaktion als zu heidnisch zurückgewiesen. Und wie möchte ich jetzt sterben? Möglichst rasch und unromantisch, am liebsten unbewußt.

Die mir jetzt noch verbleibende Zahlenreihe ist nicht mehr lang; doch immer noch mag ich nicht in die verzagten Worte einstimmen, die jene unglückliche Kaiserin der Nachwelt hinterlassen hat:

> »Was du ersehnst, das wird dich ewig fliehen,
> was du beweinen kannst, verlierst du auch.«

Wer liest denn die vor hundert Jahren entstandenen glatten Verse noch? Freilich, ihr Klagegehalt wird von heutigen Dichtern in tausend Variationen bestätigt. Die Klagen der Alten, Uralten, Kranken, Verlassenen jedoch steigen nur noch als Seufzer zum Himmel.

In der prosaischen Zeitungssprache wird die Altersnot nicht verschwiegen, denn sie läßt sich nicht mehr verstecken, sie betrifft zu viele.

Sollte man die Zeit loben, wo ein großer Teil der alternden Menschen durch vorzeitiges Hinwegsterben davor bewahrt wurde? Die vor zweihundert Jahren von J. P. Hebel geschriebene Geschichte vom ›Hölzernen Tröglein‹ machte mich als Kind sehr nachdenklich. Nicht weil ich befürchtete, ich könnte auch einmal aus dem »hölzernen Tröglein« essen müssen, sondern weil ich beobachtet hatte, daß es entmündigte und entehrte alte Leute gab. Ich dachte an die Kathrine, die jahrelang bei uns gedient hatte und nun im trostlosen Altersheim auf den Tod wartete. Was half ihr mein Erbarmen und daß ich ihr bei meinen seltenen Besuchen einen Birnenwecken und einen Lebkuchen brachte?

Ich war beim Sterben meiner überaus gütigen und frommen Großmutter zugegen. Ihr Leben lang hatte sie sich für ihre Familie aufgeopfert und zuletzt bei einer Sohnsfamilie »gedient«. Nun lag sie auf dem schmalen Bett, mit blauen Lippen und um Atem ringend, in einer schrecklichen Verlassenheit. Niemand hatte Zeit für Sterbehilfe.

Den Altersnotstand mit seinem Elend hielten die Betroffenen in der »guten alten Zeit« still im Verborgenen aus.

Ein Nachbar, auch schon ein betagter Mann, der mich gestern nach Hause hinken sah, bemerkte tröstend: »Man muß froh sein, wenn man noch jeden Tag aufstehen kann!«

Natürlich bin ich froh darüber, denn im Krankenhaus erfuhr ich, wie es ist, wenn man es nicht mehr darf. Dennoch entfuhr mir die Antwort: »Das wäre mir nicht genug!«

Nachdenklich ging ich meinem Haus zu: »Was hatte ich da geredet! Was soll es denn darüber hinaus sein, damit es mir genug ist? Ziemt es sich in meinem Alter, noch Ansprüche zu stellen?« Da antwortete ich mir mit Nachdruck: »Doch, es ziemt sich!«

Und wie ich so hin und her überlege, fällt mir ein, was der Verwalter eines wohleingerichteten Altersheims kürzlich meiner Tochter sorgenvoll anvertraut hat: Er könne die noch psychisch gesunden Insassen an den Fingern von vier Händen aufzählen. Apathisch lebten sie dahin, hätten keinen Impuls zur Arbeit mehr, freuten sich an nichts und knüpften kaum mehr menschliche Beziehungen an. Ich frage mich, ob jene Armen überhaupt noch wünschen, jeden Tag aufstehen zu können.

In meiner Lebensmitte las ich in einem Buch über Psychiatrie, es gebe drei wichtige Merkmale für psychische Gesundheit: Arbeitsfähigkeit, Liebesfähigkeit und Genußfähigkeit.

Damals frohlockte ich, daß bei mir alle drei Voraussetzungen erfüllt waren. Von Zeit zu Zeit prüfe ich mich daraufhin, zaghafter als ehedem: Bin ich wirklich noch arbeits-, liebes- und genußfähig? Und was bliebe mir davon erhalten, wenn mir in einem Altersheim die freie Gestaltung meines Alltags entzogen wäre? Die drei Symptome machen ja gerade *das* aus, was Leben lebenswert macht.

Arbeit – sowohl körperliche als geistige – ist mir Wohltat wie eh und je. Gerne nehme ich ihre Anstrengungen in Kauf. Wie verletzlich das Gut der Arbeitsfreudigkeit ist, erfahre ich jedoch nach jeder schlechten Nacht, wenn die Glieder und Gelenke steif sind und ich sie am liebsten nicht rühren möchte. Dann gehe ich lustlos ans Tageswerk. Doch auf einmal regen sich die Lebensgeister wieder. Wie gut ist es doch, noch jeden Tag aufstehen zu dürfen, aufrecht gehen und das Notwendige selbständig verrichten zu können: Türen und Fenster öffnen, das Wasser in Bad und Küche laufen lassen, kochen, ausgehen, Einkäufe machen, das alles hängt vom Aufstehenkönnen ab! Und erst jene Betätigung, die mir zum Genuß geworden ist – das Schreiben! Früh stelle ich im Radio den Wetterbericht ein: Wird mir ein heiterer Tag geschenkt oder wird es ein düsterer, regenverhangener sein, wo ich mir beim Schreiben mit künstlichem Licht behelfen muß? Dann kann ich sehr niedergeschlagen sein und verdrossen denken: Heute geht es nicht! – Doch alsbald setze ich mich wie unter einem sanften Zwang an die Maschine, und siehe – es geht, wenn ich auch »blind« schreiben muß und mich immer wieder in den Tasten vergreife. Ich halte durch – eine Stunde oder mehr – brauche auch nicht zu rauchen, um mich zu animieren, oder gar zu trinken, wie ich es von andern Schreibbesessenen gehört habe. Nicht einmal von Musik lasse ich mir den Gedankenfluß bewegen. Meine liebste Arbeit duldet keinen künstlichen Antrieb. So darf ich mir wohl trotz meines hohen Alters noch *Arbeitsfähigkeit* zubilligen.

Wie aber steht es mit der *Liebesfähigkeit?* – Ich will ehrlich mit mir Abrechnung halten. Wohl bin ich des Liebens fähig, aber auch des Zürnens und Verachtens.

Es läge meinem Herzen gar nicht so fern, zuweilen mit einer »Klage vor den Herrn zu treten«, wie »das Herz« in Carl Spittelers Gedicht:

»So muß ich Jahr für Jahr denn mehr
verarmen?
Kein Gruß, kein Brieflein zum Erbarmen.
Ich brauch' ein Tröpflein Lieb, ein Körnchen
Huld.
Ist mein der Fehler, ist's der andern Schuld?«

Wem kommen solche Klagen nicht über die Lippen, wenn er allein und alt ist? Die meinen fallen zu Zeiten bei weitem nicht so demütig aus. Wenn ich mich verlassen fühle, gerate ich in einen bösen Zustand von Zorn und Verachtung, als hätte ich die Liebesfähigkeit für immer verloren.

Was aber antwortet »der Herr« dem verletzten »Herzen« in Spittelers Gedicht?

»Ein jeder wandle einfach seine Bahn.
Ob öd, ob schnöde, ei, was geht's dich an?

Was tut das Feuer in der Not? Es sprüht.
Was tut der Baum, den man vergißt? Er blüht.
Drum übe jeder, wie er immer tut.
Wasch deine Augen, schweig und bleibe gut!«

Wenn es mir nicht mehr gelingen sollte, die Augen zu waschen und gut zu bleiben, dann fühlte ich mich alt und elend.

Dennoch – im Alter wird das Liebesvermögen oft hart auf die Probe gestellt. Schmeichlerische Heuchler, selbst Lügner nutzen es aus. Das macht mißtrauisch. Aber Mißtrauen und Liebe vertragen sich nicht gut. Da bleibt nichts anderes übrig, als sich die Zornestränen aus den Augen zu waschen. Auch das Liebesvermögen ist ein seelisches Gut, mit dem man behutsam umgehen soll und das man nicht vergeuden darf!

Jenes Orakel vom psychisch gesunden Menschen enthält als drittes Kennzeichen die *Genußfähigkeit.* Sie schließt die Leidensfähigkeit nicht aus, die nach meiner Ansicht auch zum gesunden Menschen gehört.

Die drei Kriterien, denen ich meine Zustimmung schenke, dürfen nicht absolut aufgefaßt werden. Auch ihre Gegenwerte gehören zum gesunden Menschen. Sollte der Arbeitsfähige nicht auch den Müßiggang genießen, der Liebesfähige gelegentlich verachten oder gar hassen, der Genußfähige wählerisch Grenzen ziehen dürfen?

Gerade im Alter lassen sich Genüsse nicht mehr so wohlfeil erhandeln. Der alte Mensch ist zwangsläufig wählerisch geworden. Nach Rummelfesten gelüstet ihn kaum mehr, aber selbst der Genuß am geselligen Zusammensein in kleinem Kreise ist bedroht, wenn das *Gehör* geschwächt ist. Für geistig noch lebhafte und kontaktfähige Menschen bedeutet das einen schmerzlichen Verzicht. Manche, die noch ganz gut hören, vielleicht auch dank eines Hörapparats, fühlen sich im belebten Gespräch einer Menschengruppe ausgeschlossen. Wer artikuliert ihnen zuliebe schon deutlich genug? Junge Leute sprechen besonders nachlässig, denken nicht daran, daß auch sie einmal zu den Betroffenen gehören könnten. Die Ärzte warnen schon längst, daß Lärm und besonders die geräuschvollen Lustbarkeiten der Jugend mit ihrer überlauten Musik eine früh gehörgeschädigte Generation heranwachsen lassen. Soll man sich auf ärztliche Kunst und neue technische und chirurgische Methoden verlassen, welche vorzeitiger Halbtaubheit und Taubheit vorbeugen werden?

Nun aber zu einer andern, ebenso berechtigten Frage:

Dürfen schwerhörige Menschen ihrerseits zum Ärgernis einer gesprächsfreudigen Gesellschaft werden? Mir steigt ein tragikomisches Erlebnis auf. Es liegt etwa fünfzehn Jahre zurück.

Ein hochbetagter, sehr schwerhöriger, aber noch

geistesfrischer väterlicher Freund hatte mich in ein erstklassiges Restaurant zum Essen eingeladen. Dabei kam es zu einem Gespräch über Religionsphilosophie. Ich war eigentlich nur Zuhörerin. Der gelehrte Herr Professor, ein Jurist, betrieb als Hobby Philosophie und Theologie. An jenem Tage bemühte er sich, mir die Lehre des berühmten Theologen Karl Barth zu erklären, mit dem er eine streitbare Korrespondenz führte.

Anfänglich waren wir fast die einzigen Gäste. Als sich das Lokal allmählich füllte, ließ sich der schwerhörige Herr davon nicht stören und fuhr fort, eindringlich dozierend auf mich einzureden. Beunruhigt hörte ich nur noch mit halbem Ohr zu; denn seine Stimme, deren Lautstärke er selber nicht wahrzunehmen vermochte, klang durchdringend. Ich gab ihm Zeichen, sie zu dämpfen, doch er verstand sie im Eifer nicht.

Plötzlich rief ein Gast – nein, er schrie – durch den weiten Saal in reinstem Baslerdeutsch: »Wann hört jetzt endlich das verdammte Theologengewäsch dort hinten auf ...!«

Den Wortlaut der restlichen Beschimpfung weiß ich nicht mehr. In der eingetretenen Stille hatte sogar der Professor verstanden, daß sie ihn anging. Scheu fragte er mich: »War ich zu laut?«

Ich legte ihm beschwichtigend die Hand auf die seine. Das Mitleid stieg mir in die Augen. Den sonst so selbstbewußten, geistvollen alten Herrn gedemütigt zu sehen, heruntergeputzt wie ein Schulbub – nur weil er schwerhörig war!

Ich verstand die Empörung jenes Baslers, der an diesem Sonntag nach Luzern gereist war, um die Leckerbissen eines renommierten Restaurants in Ruhe zu genießen. Doch hätte er seinen Ärger nicht taktvoller über den bedienenden Kellner anbringen sollen? Nicht ausgeschlossen, daß er inzwischen selber mit Schwerhörigkeit geschlagen worden ist!

Damals bekam ich eine erste Ahnung, was dieses Übel bedeutet. In der dunklen Welt oder in der stillen Welt zu leben oder gar in beiden zugleich, was bleibt da übrig für die Genußfähigkeit? Das müßten wir jene fragen, die es erleben. Ich weiß nicht, wie ich es ertrüge und dabei noch psychisch gesund bliebe!

Auch in einer andern Richtung befrage ich meine Genußfähigkeit.

»Habe ich noch richtige Lust an Speisen und Getränken wie normale Leute?«

Ich zögere mit der Antwort, denn ich muß zugeben, daß mir sogar meine Leibgerichte manchmal verleidet sind, wenn ich sie allein essen muß. Einzig auf Schokolade bin ich immer noch versessen; sie zu genießen, erfordert weder umständliche Zubereitung noch die Gegenwart von Tischgenossen. Ganz von alleine schmilzt sie zart am Gaumen. Es heißt nicht umsonst, Süßigkeiten seien Liebesersatz! Doch weiß ich mich zu beherrschen. Nie fiele mir ein, eine ganze Tafel auf einmal aufzuessen oder gar deren drei, wie ein verstorbener Freund von mir in jeder schlaflosen Nacht zu tun pflegte. Ich erlaube mir täglich nicht mehr als zwei, drei Riegel, den Schaden bedenkend, den ein Zuviel meiner Gesundheit zufügen könnte.

Ein erlesenes Mahl in einem exklusiven Restaurant ist für viele meiner Bekannten ein Hochgenuß, ich hingegen beteilige mich an solchen Riten unserer Wohlstandsgesellschaft nur gelegentlich beim festlichen Zusammensein mit Angehörigen oder Freunden. Aber nach dem Genuß der knusprig-frischen Brötchen mit den Butterröllchen ist mein Hunger fast schon gestillt, nur zu einer echten Ochsenschwanzsuppe, mit Champagner verfeinert, lasse ich mich noch verlocken. Was hernach aufgetischt wird, ist mir einfach zu viel, schon weil ich beim lebhaften Sprechen und Lachen reichlich Luft hinunterschlucke. Den Salat und die Teigwaren und vor allem das Kauen der Steaks, so zart sie auch sein mögen, bewältige ich nur mit Mühe. Auf den Nachtisch, für mich der Höhepunkt des Mahles, möchte ich jedoch nie verzichten. Wie es im Saal plötzlich still wird, wenn die Gäste die hochgetürmten Rahmgebilde verzehren!

Daß ausgerechnet in diesem »weihevollen« Augenblick Fernsehbilder von abgezehrten Kindern mit aufgedunsenen Bäuchen und hohlen Augen vor meinem inneren Auge auftauchen! Auf einmal löffle ich meine Süßspeise, als wäre sie vergiftet. Verstohlen blicke ich in die Runde, sehe die andern unbekümmert ganz dem Genuß hingegeben.

Seit ich so alt bin, ist Genuß für mich eine empfindliche Sache geworden; etwas Geringfügiges kann ihn in Unlust verwandeln, und der Sahnetupfer auf der Eisspeise nachträglich Beschwerden auslösen. Ich muß mir zureden: »Was nützt dein schlechtes Gewissen? Immer wird es einerseits Hungernde, andererseits Schlemmer geben!«

Meine Hemmung verdrängend, esse ich den Berg lustlos auf und verberge schamhaft meine Gedanken, um nicht auch den andern den Genuß zu verderben. Vielleicht würde ein Weiser unter ihnen zu mir sagen: »Genuß ist eine Gottesgabe, die über manches Dunkle hinwegtäuscht. Geh und tu etwas Gutes für einen Einzelnen. Alle kannst du nicht erlösen, schwach wie wir nun einmal sind im Walten der Welt!«

Wie ungetrübt und unbefangen konnte ich früher genießen, was sich mir jetzt verbietet! Picknick auf einer Alpenweide, mit Sandwiches und wachsweichem Ei und Früchten danach! In der freien Natur erschien mir die Welt, als ob ewig Sonntag wäre. Wer verhülfe mir heute zu solcher Art Genuß? Und nie mehr werde ich im Süden reife Feigen frisch vom Baum pflücken und genießen dürfen!

Nie mehr in England »Scones«, mein Lieblingsgebäck essen, so leicht und locker, warm aufgetischt mit Konfitüre und Sahne!

Alles verlorene leibliche Genüsse, die mir die Erinnerung vorspiegelt! Nach ihnen hat mein Gaumen Heimweh!

Immer noch Leben einfangen

Eine oft wiederkehrende Frage in Interviews: »In welchem Jahrhundert hätten Sie am liebsten gelebt?«

Vor Jahren wurde sie auch mir gestellt, und ich glaube, ich habe wie die meisten Befragten geantwortet: »Im gegenwärtigen.«

Heute könnte es mir entschlüpfen zu sagen: »Im allerletzten auf der Erde möglichen Jahrhundert!«

Zu erleben, was Menschen dann erreicht hätten! Ob es noch Wälder, Pflanzen, Flüsse gäbe und Luft zu atmen! Und ob es den Menschen gelungen wäre, Hungersnöte, Seuchen, Kriege auszurotten und friedlich zusammenzuleben!

Ich lache über meine vorwitzige Wißbegierde, die mir einen so spinnigen Wunsch entlockt; ich will und muß ja doch mit dem zufrieden sein, was ich auf meinem Erdenweg vom Wesen des Lebens und der Welt mitbekommen habe! Dennoch möchte ich meinen Wissensdurst nicht verächtlich abtun, denn er hat bestimmt mitgeholfen, mich so lange am Leben zu erhalten; durch meine vielseitigen Interessen bleibe ich auch im hohen Alter noch in Spannung, und sollte sie erschlaffen, dann stünde ich bereits außerhalb des vollen Lebens.

Freilich spüre ich die altersbedingten Beschränkungen meiner Interessen. Zu oft stehe ich vor verschlossenen Türen, muß resignieren vor Dingen, die Jüngere noch leicht erfassen und spielend lernen. In Schranken bin ich auch verwiesen, wenn meine Wißbegierde sich moralischen Dingen zuwendet: »Was ist gut – was ist böse?« Gibt es da je eine gültige Antwort für mich und alle, die es sich fragen?

»Was Leben erhält, ist gut; was Leben zerstört, ist böse!«

Könnte nicht sogar diese Antwort im Irrtum steckenbleiben? Immer stößt der Wissenstrieb an Grenzen.

Oft gräme ich mich, daß ich es immer noch nicht begriffen habe und es mein unruhiger Geist nicht zuwege bringt, gelassen zu bleiben wie die Weisen – unruhig und ruhig zugleich. Und hatte doch einen guten Lehrmeister und ein Vorbild an meinem Ehegefährten. Voll Vitalität im Leben wirkend, blieb er ruhig und unruhig zugleich. Ich bewunderte ihn dafür und wie er das Leben bis zuletzt unter allen Umständen liebte. Dennoch tadelte er mich nie wegen meiner Unruhe, ich glaube, er mochte sie an mir.

Als ich ihn einmal fragte: »Was läßt du nicht gerne zurück, wenn du einmal Abschied nehmen mußt?«, da sagte er: »Das Leben an und für sich!«

Ich verstand es damals nicht, denn mir bangte immer vor dem Schwersten – dem Abschied von den Menschen, die ich liebte. So ist es bis heute geblieben.

Erst jetzt verstehe ich, wie er es meinte: »Leben an und für sich« schließt ja auch das »Mensch unter Menschen-Sein« ein.

In meiner Jugend war mir ohne konkrete Menschennähe unheimlich. Einmal erfuhr ich es heftig, als ich mich im Berner Oberland allein auf eine Paßwanderung begeben hatte. Zuerst war ich glücklich, nur mit der gewaltigen Natur um mich Zwiesprache zu halten. Als ich aber am »Männlichen« mutterseelenallein den überwältigenden Glanz der schweigenden Bergwelt aushalten mußte, ergriff mich Beklemmung und Angst.

Nie hätte ich erwartet, daß ich im Alter einmal ganz gerne allein leben würde. Oder unterliege ich einer Selbsttäuschung, weil es mir bei der Arbeit sogar zum Bedürfnis geworden ist? Ist man denn in der Vertiefung des Schreibens allein? Oder abends beim Lesen? Aber der Tag besteht ja nicht nur aus diesen Verrichtungen, bei welchen man immerhin im Geiste mit Menschen zusammen ist.

Unversehens ergreift mich oft der heftige Wunsch nach Gefährtenschaft. Er kann mir selten erfüllt werden, denn die Unabkömmlichkeit meiner Familienangehörigen und Freunde muß ich respektieren.

Begebe ich mich dann mutig allein ins Freie, etwa an die Seepromenade, begegnen mir kaum Einzelgänger. Nur wenige ältere Leute kommen allein daher, fast alles Männer. Manche sind begleitet von einem Hund, dann sind sie nicht allein. Die andern werfen keinen Blick auf die Alleingänger, die nur ins Weite schauen. Ein »Rühr-mich-nicht-an« schirmt sie ab.

Ein wenig Abenteuerlust, die im Reisen befriedigt werden könnte, ist immer noch in mir. Doch wäre Alleinreisen ein mutwilliges Unterfangen, und Gefährten sind jetzt schwieriger zu finden als noch vor wenigen Jahren. In der Sommerzeit erhalte ich täglich Postkarten von Freunden aus aller Herren Länder. Ich kann ein bißchen Neid nicht unterdrücken, und einen Moment lang ist mir wie einem Vogel zumute, der vom Käfig aus Vögel frei herumschwirren sieht.

Die Endspur eines Lebens ist gegeben, dagegen ist nichts zu wollen. Aber wie man sich auf der kurzen, enger werdenden Fährte verhält, dazu braucht es neben Gnade und Mut auch unablässige Impulse. Sie haben mich noch nicht im Stich gelassen. Leben einfangen – wie sehr möchte ich es noch!

Schlußwort

Hier breche ich meine Aufzeichnungen (vorläufig!) ab. »Stimmungsbilder« sind es geworden; denn sie sind nicht nur aufgrund äußerer Tatsachen festgehalten, sondern auch unter dem Einfluß innerer Anwandlungen. Das mag sie zuweilen etwas widersprüchlich erscheinen lassen.

Für wen habe ich sie denn eigentlich aufgeschrieben?

In erster Linie für mich selbst – zur eigenen Befriedigung und eben auch zur Erleichterung bedrückender Gemütszustände. Aber beim Schreiben guckt einem doch immer jemand über die Schulter, liest mit oder mischt sich gar ein. Meist nehme ich einen heimlichen Begleiter nur verschwommen wahr. Wenn man jedoch übers Altsein schreibt, ist es ganz natürlich, daß er plötzlich die deutliche Gestalt eines Altersgenossen annimmt oder eines Freundes, der sich auch ernsthaft darüber Gedanken macht.

Es kann sogar ein ganz junger Mensch sein wie jene mir unbekannte Zwanzigjährige, die mich vor zwei Jahren in einem spontanen Brief gefragt hat, ob das Alter wirklich so schrecklich sei, wie ihre Mutter und Großmutter es ihr vorleben. Beide wollten überhaupt nicht alt werden, und die Großmutter verleugne beharrlich ihre schon über 70 Jahre, indem sie sich und ihre Umwelt mit allen kosmetischen Mitteln darüber zu täuschen versuche, was ihr bei ihren Anstrengungen gar nicht übel gelinge.

Ich habe der jungen Tochter geantwortet, sie brauche sich vor dem Alter nicht zu fürchten; es enthalte nicht nur endlosen Kummer und bringe nicht nur Leiden und Enttäuschungen. Es könne unter günstigen Umständen einer der schönsten Lebensabschnitte sein. Voraussetzung sei freilich, daß das vorhergehende Leben nicht egoistisch vertan und an äußerliche Dinge verschwendet worden sei. Es sei erstaunlich, was das Alter dann an Gewinn innerer Freiheit und Überlegenheit bringen könne.

Habe ich dem jungen Mädchen damit zu viel versprochen? Ich habe mich doch auch einmal vor dem Alter gefürchtet, aber nur, weil es das Ende des Lebens bedeutete. Das Altwerden hingegen schreckte mich nicht; denn in meinem engeren Umkreis war niemand, der mir davon ein beängstigendes Vorbild gegeben hätte. Ich hatte das Glück, gefaßte alte Menschen um mich zu haben. Sie schminkten ihre Alterszeichen nicht weg und vertuschten ihre Gebrechen nicht. Trotzdem kamen sie mir nicht häßlich oder abstoßend vor, sondern einfach liebenswert – liebenswerter als viele jüngere.

Wir wissen es wohl – Altwerden ist kein Verdienst. Höchstens, *wie* wir es werden und tragen, darauf kommt es an. Ein wenig liegt es schon in unserer Hand. Ich räume ein: bis an die Grenze, hinter der wir unweigerlich andern ausgeliefert sind.

Vor diesem Letzten ist mir ein wenig bange, und ich kämpfe mit allen Mitteln, es hinauszuschieben und mir meine persönliche Freiheit zu erhalten. Ich will mich nicht aus eigener Schwachheit schwächen lassen wie der unglückliche alte König Lear. Verbissen erstreite ich mir meine Menschenwürde und wünschte, daß alle Alten es mir gleichtäten.

Während ich das schreibe, stehe ich noch unter dem Eindruck des kürzlich erhaltenen Telefonanrufs einer jetzt 93jährigen ehemaligen Studienkameradin. Sie war von jeher ein körperlich zartes Wesen und inzwischen ist sie noch dürftiger geworden, dazu gesundheitlich schwer angeschlagen. Nachdem das Haus, worin sie ihr halbes Leben verbracht hatte, vom Besitzer verkauft worden war, blieb ihr nur das Altersheim.

Nun erzählt sie mir, wie sie sich dort eingelebt habe – ihre kluge Vernunft half ihr dabei – und wie sie unbeholfenen Heimbewohnern täglich beistehe, ihnen beim Anziehen und bei der Toilette helfe, vorlese und Hand anlege, wo es nur möglich sei.

Ich habe die kleine Käthe schon vor 40, 50 Jahren bewundert, wie sie an einer Kaufmännischen Schule erfolgreich unterrichtete, beliebt war und ihre Schüler, junge Großstadtburschen, die sie um zwei bis drei Köpfe überragten, durch ihre Persönlichkeit in straffer Disziplin hielt. Nun gab mir meine kluge, tapfere Käthe dieses Wort mit:

»Weißt du – für andere sorgen, das erhält einen!«

Ich möchte es weitergeben an alle Alten!

Es wäre vermessen, das Alter – und insbesondere das eigene – allzu wichtig zu nehmen. Der Verschleiß an jungen Menschenleben in der grausamen Welt reduziert es zur Bedeutungslosigkeit. Und doch darf ich es als ins Dasein gerufener Mensch nicht für nichtig halten. Das Bedenken der beiden Extreme wird mich nicht in Ruhe lassen bis ans Ende meiner Tage!

Vieles habe ich den Lesern preisgegeben, vieles auch verschwiegen, denn es gibt Erlebnisse – es sind vielleicht die reichsten und die traurigsten –, die gehören nur mir allein.

Weitere Bücher zu diesem Thema aus dem Salzer-Verlag

Joke Forceville-van Rossum
Auf einmal war alles anders
288 Seiten, gebunden,
übersetzt von Hanne Schleich

»Unerwartet und abrupt war ihr gemeinsames Leben zu Ende. Was geht in einer Frau vor, die von heute auf morgen ihren geliebten Mann verliert und unvorbereitet ihr Leben und die Erziehung der vier Kinder allein bewältigen muß?
In ihren Tagebuchnotizen schildert die Autorin mutig, offen, ohne Tabus und doch behutsam ihr Schicksal. Sie schöpft aus der Tiefe und schafft es, wieder zu sich selbst zu finden.«
das neue, Hamburg

Marianne Blasinski
Und plötzlich war ich sechzig
Ein Lebensweg mit Stolpersteinen
144 Seiten, gebunden

So völlig überraschend ist ihr sechzigster Geburtstag natürlich nicht gekommen. Und doch kann sie es kaum fassen, wie schnell die Zeit vergangen ist.
Augenzwinkernd blickt Marianne Blasinski zurück auf ihren turbulenten, mit reichlich Stolpersteinen gepflasterten Lebensweg. Pfiffig, amüsant, mit warmherzigem und selbstkritischem Humor beschreibt sie die Vorzüge des Älterwerdens.

Eugen Salzer-Verlag, 74020 Heilbronn

In der gleichen augenfreundlichen Schrift
bei dtv erschienen:

Anne Biegel / Heleen Swildens
Wo ist denn meine Brille?
Briefwechsel zweier Frauen über das Älterwerden
Deutsch von Hanne Schleich
dtv 25100

Anne Biegel / Heleen Swildens
Mitreden ist Gold
Anne und Heleen setzen ihren Briefwechsel
über das Älterwerden fort
Deutsch von Hanne Schleich
dtv 25107

Anne Biegel / Heleen Swildens
Lust und Plage der späten Tage
Neue Briefe der Autorinnen von
›Wo ist denn meine Brille?‹
Deutsch von Hanne Schleich
dtv 25145

»Die beiden Autorinnen wagen eine tabufreie Bestandsaufnahme der Probleme alter Menschen. Ein ernsthaft-heiteres Buch für Alte und Junge.«
Utz Utermann in der ›Hörzu‹

In der gleichen augenfreundlichen Schrift
bei dtv erschienen:

Lach doch wieder!

Geschichten, Anekdoten,
Gedichte und Witze

Zusammengestellt von
Helga Dick und Lutz-W. Wolff
dtv 25137

Es kann schon mal vorkommen, daß einem das Lachen vergeht. Wichtiger ist allerdings, daß es wieder zurückkommt! Lachen und Weinen gehören zusammen, und ein bißchen Galgenhumor ist allemal besser als Selbstmitleid und Verzweiflung. Geben doch, wie die hier versammelten Geschichten, Anekdoten, Gedichte und Witze beweisen, die Gründe für unser Unglücklichsein oft genug auch zur Heiterkeit Anlaß. Es geht uns besser, wenn wir zu den Dingen und zu uns selbst ein bißchen Distanz haben, das zeigen Peter Bamm, Erma Bombeck, Ilse Gräfin von Bredow, Art Buchwald, Sinasi Dikmen, Trude Egger, Lisa Fitz, Axel Hacke, Ursula Haucke, Johann Peter Hebel, Elke Heidenreich, Inge Helm, Irmgard Keun, Siegfried Lenz, Christian Morgenstern, Christine Nöstlinger, Alexander Roda Roda, Herbert Rosendorfer, Eugen Roth, Hans Scheibner, Michail Sostschenko, Phyllis Theroux, Ludwig Thoma und Kurt Tucholsky.

In der gleichen augenfreundlichen Schrift
bei dtv erschienen:

Blaues Katzenbuch

Zusammengestellt von
Helga Dick und Lutz-W. Wolff
dtv 25119

»Ich lasse mich nicht dressieren: Ich habe Charakter. Denn ich bin eine Katze. Und ich habe es gern, wenn man mich streichelt.«

Einundzwanzig ernste und heitere Katzengeschichten von Colette, Eva Demski, Max von der Grün, Elfriede Hammerl, Ursula Haucke, Marlen Haushofer, Elke Heidenreich, Erich Kästner, Doris Lessing, Penelope Lively, Inge Meidinger-Geise, Irmtraud Morgner, Isabella Nadolny, Pia Pera, Elisabeth Plessen, Ruth Rehmann, Luise Rinser, Herbert Rosendorfer, Otto Schönberger und Christa Wolf.

In der gleichen augenfreundlichen Schrift
bei dtv erschienen:

Viele schöne Tage

Ein Lesebuch

Zusammengestellt von Helga Dick
und Lutz-W. Wolff
dtv 25126

Vierzehn ungewöhnliche Erzählungen.

»Schöne Tage – man wünscht sie anderen, und man wünscht sie sich selbst. Manche schönen Tage scheinen vorprogrammiert: Hochzeiten, Jubiläen, Geburtstage und natürlich der Urlaub. Aber wer sich selbst besser kennt, weiß auch, daß es oft die unauffälligen Stunden sind, die Glück und Zufriedenheit ausmachen, die seltsame Begegnungen und Überraschungen bringen und am Ende das Leben verändern. Einige dieser Augenblicke sind hier festgehalten von Madison Smartt Bell, Heimito von Doderer, Barbara Frischmuth, Peter Härtling, Marlen Haushofer, Franz Hohler, Hanna Johansen, Marie Luise Kaschnitz, Roland Koch, Siegfried Lenz, Margriet de Moor, Isabella Nadolny, Herbert Rosendorfer und Christa Wolf.